第一復員省資料課1945（昭和20）年12月
『全国主要都市戦災概況図：附図110玉野市』から。国立国会図書館蔵

註　原図からのカラーコピー。縮尺は適宜変更。原図の下図は発行者、発行年月
　　日は不詳であるが縮尺20000分の1の地形図

Ｂ－29少数機空襲
1945年4月8日
狙われたのは玉野造船所か

アメリカ国立公文書館紋章のことば

下図は、米極東空軍1948年3月3日撮影の写真から。日本地図センター蔵

下図は、国土地理院平成8年1月1日発行の地形図『宇野』から。縮尺1：25000

目　次

1　まえがき ……………………………………………………………6

　　　謎の玉野空襲／杜撰な『岡山県史近代Ⅲ』
　　　／LITTERA SCRIPTA MANET

2　神州第8201工場 …………………………………………………9

3　証　言 ……………………………………………………………18

　　　①清水清さんの談
　　　②岡田信之さんの談
　　　③三井造船所社員の８月８日付の手紙

4　記録された玉野空襲 ……………………………………………22

　　　——これまでどう語り継がれてきたか——

5　掘り起こされた新しい資料（一次資料） ……………………26

6　虚構の語り継ぎに終止符を …………………………28

　　(1) 県下のB-29少数機空襲
　　(2) 謎を解くキー米軍資料
　　(3) 米軍の最優先の軍事目標は「玉島地域」
　　　　"「玉島」は小名古屋になる可能性がある"
　　(4) '45,4,11「3PR5M132」米軍の三井玉野造船所写真偵察
　　(5) 事実はひとつ
　　　　──玉野空襲12の調査事項についての記録間の異同──
　　(6) 参考資料①②③④⑤

7　『岡山県史近代Ⅲ』の虚構はなぜ生まれたか。 ………………60

　　新川町の被災の虚実

8　あとがき ……………………………………………67

　　あとがき補遺

(付録) ……………………………………………………74

1 まえがき

謎の玉野空襲／杜撰（ずさん）な『岡山県史近代Ⅲ』
／LITTERA SCRIPTA MANET

　1945（昭和20）年4月8日深夜、玉野市の和田地区が一機のＢ－29（戦略超重爆撃機）に空襲され数十人の死傷者をだした。県下で3度目のＢ－29空襲であるが、多数の死傷者がでたのは、この空襲が最初だった。

　最初の空襲は3月6日。やはり深夜一機のＢ－29が500ポンド通常爆弾6発を投下し、岡山市の西の旧都窪郡庄村（現倉敷市）、加茂村（現岡山市）、山手村（現総社市）の境界付近が被弾した。このときは人的被害は殆どなかった。この空襲のことは、拙著『戦争の記憶－謎の3.6岡山空襲－』（岡山空襲資料センター　ブックレット3　2002.8.31吉備人出版刊）で詳しく説明しているので参照してほしい。2度目は3月29日。これは現倉敷市の連島沖の海中への投弾（機雷投下ではない）で被害はなかった。そして3度目の玉野。ちなみに日本敗戦までに、玉野市へのＢ－29空襲はこの一回きり。（艦載機は何度も襲来している）本稿で玉野空襲と呼ぶのは、4月8日の空襲をさしている。

　空襲されたのが、県下で指折りの軍事的要地であり、しかもはじめて多数の死傷者をだした。当局のうけた衝撃は大きかった。市民の緊張も高まった。しかし玉野空襲は謎の空襲だった。3月6日もそうだったが、くわしくは後章で説明するが、大空襲の前段階に存在している少数機（単機）のＢ－29空襲の意図や目的は、攻撃の米軍自身に聞かないとわからない。狙われるはずもない場所（ところ）があちこち被爆しているからである。玉野の場合はたまたまそうではなかっ

たが。

　玉野は三井の大造船所の町。米軍がいちはやく、そこを狙ったと思うのは無理もない。誰しもそう考えた。しかしはたしてそうだったのか。戦争が終わって見れば、肝心の造船所は遂に大空襲されなかった。それはなぜか。4月8日は、本当に玉野を狙ったのか。それから60年が過ぎた。

　私はこの60年に、戸惑いとも怒りともつかぬ複雑な感慨を味あわされている。謎をそのままにしておくことで、どれほど歴史がゆがめられるかを知ったのである。それは、『岡山県史近代Ⅲ』。その内容を見て、玉野空襲の謎を急いで解明する必要を痛感した。まだ間に合う。それで本稿をたちあげることにした。

　『岡山県史　第12巻近代Ⅲ』（1989年岡山県刊）が目の前にある。立派な本である。もう刊行されて10数年経過する。この『県史』は、当時莫大な県費を投じた大編纂事業を興こして出来た大部なもの。私の生きているうちに新しい県史編纂事業が興こされることはもうないだろう。『近代Ⅲ』はそのなかの一冊。
　いったい玉野空襲はどのように記録されているのだろうか。同書の「県下各地の空襲による被害」の説明から、関係の部分をピックアップする。

> 「4月8日　23時30分ごろ倉敷市住吉町の団圃に投弾。Ｂ－29 2機玉野市和田三井造船社宅付近に爆弾投下、死者8」
> 　　　　　　　　（中略）
> 「7月8日　午後3時ごろＢ－29 2機が玉野市三井造船所付近を爆撃、全壊11戸、半壊13戸、死者9人、重傷18人、軽傷16人」（以下略）

この内容を読者はどの様にうけとめるのだろう。『県史』は、この世に存在していない「倉敷市住吉町の空襲」や「7月8日玉野空襲」を記録のなかに置いている。この世に存在したのは、4月8日の玉野空襲だけである。

　存在しないものの証明は不可能なので、ここでは一言"存在しない"とだけいうしかないが、『県史』は虚構の歴史の語り継ぎに手をかしている。『県史』は正史として扱われているだけに看過できない。

　『県史』の執筆は、大学教授のようなその道のオーソリティによっているから、何らかの資料的根拠（典拠）を得ているとは思うが、それは杜撰（ずさん）なものであると言わざるを得ない。

　本稿では、当センターが苦心して掘り起こした資料の徹底検証を通じて、『県史』の杜撰のほども具体的に明らかにする。本稿はただの謎解きを目的にするものではない。

　アメリカ国立公文書館の紋章に、ラテン語で「LITTERA SCRIPTA　MANET」（書かれた文字は残る）という意味深い言葉が刻まれている。文書館が、どこまでも真実を求めて存在しているその気概がひしと迫ってくる。ならば『県史』は真実を記録しなければなりますまい。

　私どもの岡山空襲資料センター設立の動機は、虚構の記録を絶対に後世に残すまいというところにあった。『県史』のような虚構のひとり歩きを見るのは耐えられない。二度と虚構（ウソ）が本当（ホント）になる時代をつくりたくない。いずれにしても真実こそいのちと平和のもと。できる限り歴史の真実に迫りたい。

2　神州第8201工場

　4月8日といえば、米軍が沖縄本島に上陸し、沖縄戦がはじまったばかり。玉野が狙われたと思うのは当然のことだった。

　玉野市は当時人口35,467人（1940年国勢調査）。実際は、戦争のなかの大動員で増加していて5万人近くになっていると考えるが、（註※）玉野市自体は大きな都市のなかにははいらない。瀬戸内海北岸に東西に点在する港町の発展したもので、町は西から精錬所（日比製煉所）のある日比地区、造船所のある玉地区、本、四連絡船の港宇野・築港地区と分散していて決してまとまっていないが、時代とともに大造船所の町として発展していく。※（註）極秘　昭和19年2月22日現在「市別人口」（防衛庁防衛研究所図書館蔵）によると45,020人

　三井造船所は当時、日本屈指の軍需工場となっていて、戦時型の輸送船を急ピッチで建造していた。潜水艦や特殊潜航艇も建造している。根こそぎ的動員で、全国各地から多くの人々が玉野に集まる。和田地区は、その人々の宿舎や寮が集中する新しい町でもあった。

　要地防衛の高射砲隊が、観測隊、照空隊とともに駐屯した。高射機関砲隊も駐屯した。しかしこれは、今から考えると意外だが、空襲後のことである。（7月24日の艦載機襲来のときには間に合って、3機撃墜したという：防衛庁防衛研究所図書館資料）高射砲隊の配備は後手の対策となっている。興味深い資料を見つけたので、関係の部分を次のコラムに書き写す。玉野市の宇野小学校（当時第二宇野国民学校）が保存する同校々誌（大正7年起）『昭和20年度』。造船の町玉野のそのときの、防空、警防、動員の全体状況がまことにリアルに浮かびあがっている。

一、昭和20年4月5日　高2男30名共立工業株式会社ニ動員入所ス

二、横穴防空壕ノ状況左ノ如シ

> 1、協議会ヲ重ネルコト５回、遂ニ昭和20年３月10日午前11時半ヨリ校庭ニ於テ起工式地鎮祭ヲ施行ス
> 2、原木、諸準備ニ警防団、学校、各町内会数回出動ス
> 3、４月７日第二坑着工
>   ４月14日第三坑着工
>   ４月16日第一坑着工
>   ５月８日第四坑着工
>   引続キ各町内会学校勤労奉仕ヲナス
> 三、昭和20年５月10日　三井造船株式会社玉野造船所給与課ニ第一校舎ノ３教室・附属物置便所ヲ提供ス換物置ヲ六校舎裏ニ建ツ　三井ノ倉庫ノ右建物ヲ利用シ１間半４間ノモノナリ
> 四、昭和20年５月27日第4107部隊岡本隊兵舎トシテ第四校舎ノ５教室、三校舎ノ１教室、宿直室、衛生室及便所ヲ専有ス
> 　　　　　　　　　（後略）

ご覧のとおり岡本隊（独立高射砲第11大隊：『岡山県郷土部隊史』）の駐屯は５月27日。三井造船の事務部門の学校への疎開も５月。そのなかで横穴壕の建設は、地鎮祭が３月10日。この方は先手に見えるがやはり後手の泥縄式対策だった。壕の必要性はたしかに当局が比較的早くから呼びかけてはいるが、各処、各自の必要を満たす壕の建設は実際には決して進んでいなかった。岡山でもそうだった。３月６日の県下初空襲でにわかに動きだす。（前出『戦争の記憶』参照）参考までに、３月８日付の合同新聞記事を掲げておく。宇野小校誌に登場する壕は、同小校庭の南の山の北側斜面ふもとに掘られたが完成前に敗戦となった。この壕の遺構は現在こわされてなくなっている。

昭和二十年三月八日

新聞 （第三種郵便物認可）

奉戴日の四市

天井板を除去
衣料を疎開しよう

"防空必勝"のため天井板切除、衣料などの疎開を急遽やりまよう、岡山県防空課では防空陣勢の緊急強化を図り、京都、名古屋、阪神などの各地の空襲被害戦訓により釣天井その他のため瞬時に蝟集の落下を見出すことと、釣天井（その他蝟集落下時その被害と損害を来る恐れのある箇所を含む）を除去、または一部通路箇所を切抜き、梯子などを備付けること、なほ消火活動と障壁となる格子その他その他の繁茂なるべく取り除くことと、又は著しく初期防火を妨害し大火災となった事例が極めて多いのに鑑み、一般住宅その他各種建物（学校、官公衙、工場、會社、倉庫、厠など）の教室、事務室、倉庫、厠などを除去すこと

【衣料、日用品の疎開】＝衣料その他日用品は最少限度を残しあと全部急市外に疎開する運動を強力に展開すること

【天井板の除去または切抜】に関する各種の天井板切除の八日の六都市の国民日を期し岡山、倉敷、津山、玉野の四市になった。

急ぎに急げ防空壕

岡山縣翼贊市會の終了するやと竹内市長も本腰を入れて市政の運営一番に防空態勢の強化と乗り出し関係課長を招致「資材勢力その他諸條件を克服し、目的の貫徹をはかれ」と號令を下した

先づ市役所自らの防空壕を整備擴充する一方全市國民學校並びに新設開かれる臨時の救護所、所の防空壕を三月中に完成せしめることになった、また市内數ヶ所にある公衆待避壕を補強し、市警防團、警察關係とも協力、家庭防空壕の再整備を計畫、場合によっては市有林の伐採も考究されている

1945年3月8日付　合同新聞　岡山市立中央図書館マイクロ

　さて、後手の対策も次の空襲に備えるという点では必要な先手の対策であるが、その対策が有効、適切なものかどうかは疑問がのこる。学校の壕も造船所の地下工場も敗戦時までに完成していない。造船所の疎開はどれほど進めても本体の疎開は不可能。結局市民の防空意識を高める必要性ばかり強調される。

— 11 —

適切なれ、状況判断
岡山附近へ敵機投弾の戦訓

八日夜の岡山附近への敵機の投弾で弾をもつ場合との二様の場合がある民防空陣を擔當するにあたりの吾民防空陣は的確に同調し、業務擔當にあたりの吾が國民防空の防空陣とラジオ放送の的確なる聽き方である

すなわち現在では一機、二機の來襲では空襲警報は發令されないのが建前であり、現状ではラジオ放送のの接前に聽くより外に手はないのが緊急であり、営爲もさうであった、また地區警戒にのぞんだ敵機の状況によでも陸の一般に空襲警報が發令した場合は一般に空襲警報がでるが、警報の時間を要す、危險を察知した地區だけに警戒警報が發令すると場合によつては敵機が襲來通るか、この際の中部軍管は相當の時間を要するとみゆに常であるが、この爲めに中部軍管區からの實報、指令するかによって敵機がすでに既、放送の樣に大抵は敵機がすでに空襲圏谷とその施設の終りようで軍への通報に間もおくれることが多いので、これよりも先に前の實情みつゝ近接の危險を感じた場合は慣令警戒警報中でも被害を最少限に喰止めることが、當夜もこれらに遺憾の點がある、人員を損耗するやどころるすなわち警戒警報には嚴なる警戒を要する場合にもつと空襲の危險名要する場合にもつと空襲の危險

"1機2機の來襲では空襲警報は發令されないのが建前であり…"
1945年4月10日付　合同新聞　岡山市立中央図書館マイクロ

「適切なれ…」といわれても適確な情報が与えられていないのに適切な判断などできようもない。当時は、警報発令前に勝手に避難することなど許されていない。防空群長とて同じことだ。空襲がはじまっていれば別だが、強権的な待避命令の発動は警報発令前に簡単にできるものではない。しかもこのなかで、空襲警報の発令を怠って、死傷者をだした責任を市民に転嫁している。先手の対策も総じて無策としかいいようがない。

本体の疎開のできない造船所をかくすために、三井造船は秘匿（ひとく）名

警報發令前でも隨時待避命令
玉野が防空群長の權限擴大

玉野市宇野警防團では防空態勢強化のため十一日夜防空群長、町内會の幹部を各戸に集め警戒警報の發令を伴ふ燈火管制の強化を申合せた、なほ敵機來襲に際し名防空群長は、まだ警戒警報發令前ではあるが、適宜に待避命令を出すこととなつた

1945年4月13日付　合同新聞　同前マイクロ

称「神州第8201工場」となる。それは6月17日に実施している。（三井造船『三十五年史』）これほどナンセンスな対策はない。

　米国は戦争のはじまった早い段階から、日本領土の全地域のぼう大な目標情報をもっていて、それを地域別、目標種類・性格別に分類して「AIR　OBJECTIVE　FOLDER」（空襲目標情報ホルダー）に集積して利用している。もちろんこの中に三井造船所の情報もある。90・27（日本、岡山地域）の「TARGET 1295」がそれである。ホルダーのインデックスによりそのいくつかを取りだして見た。（国会図書館マイクロ）ご覧いただきたい。掲載したのは、そのなかの予備的な情報である。作戦実行段階にはさらに徹底した情報収集活動を展開し、ホルダーの情報は増加する。彼等はこうして着々と目標攻撃の準備をしている。彼等の新しい情報は後章の説明のなかでまた改めて紹介する。

　彼等は、情報戦で玉野を丸裸同然にしてさえいるのであるが、敗戦までに、造船所に対しては、水島（三菱の航空機組立工場）のような大空襲はしなかった。その解答は後章ですることになる。

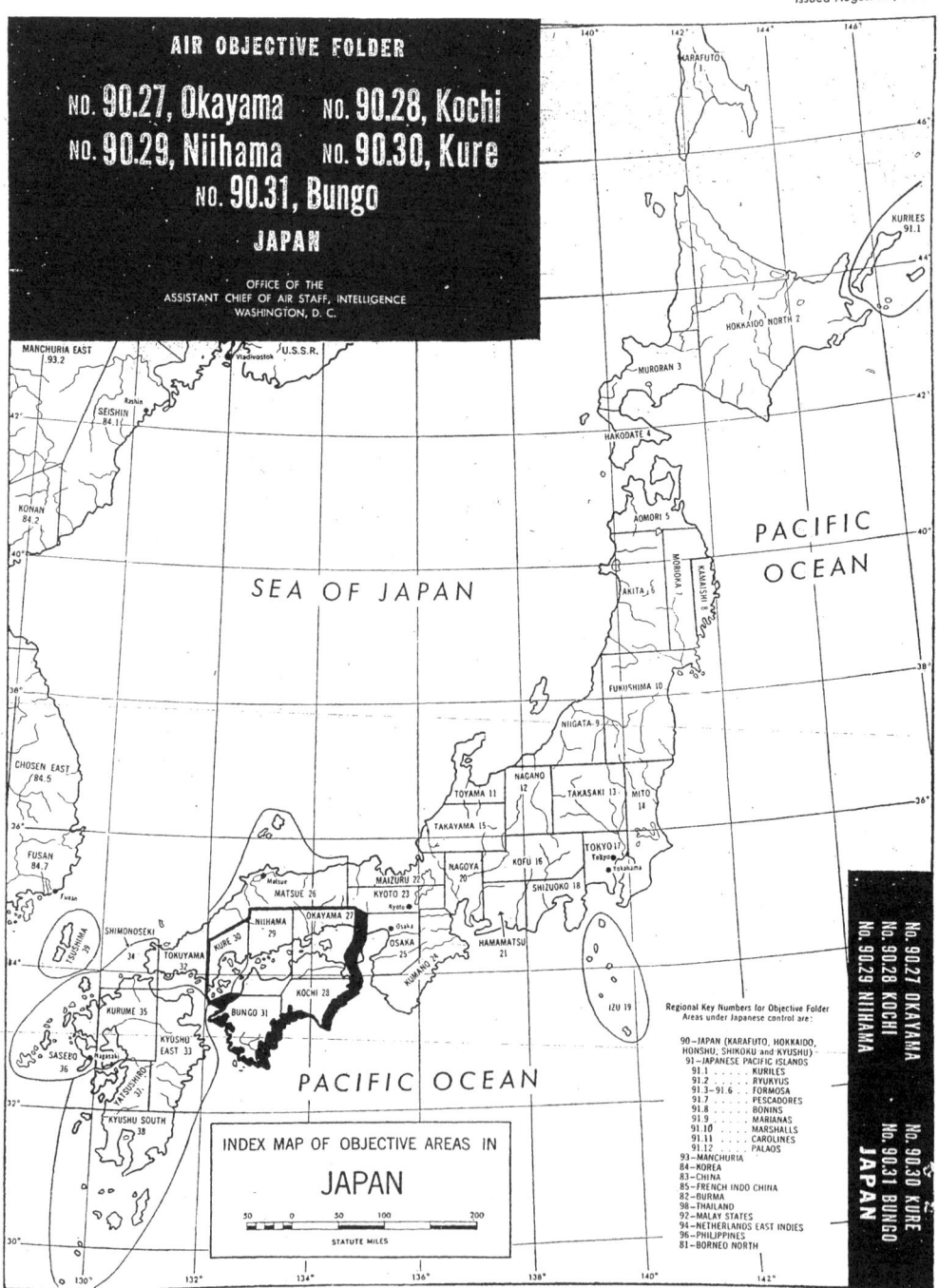

Air Objective Folder
OKAYAMA-UNO REGION
OKAYAMA AREA, No. 90.27

INDEX OF TARGETS BY NUMBER, CLASSIFICATION AND NAME

Target Number	Name	Text Page	Target Number	Name	Text Page
	ELECTRIC POWER			**NAVAL BASES AND SHIPYARDS**	
1284	Chugoku Steam Power Plant	30	1295	Mitsui Tama Shipyard	33
	HARBOR FACILITIES			**NON-FERROUS METALS**	
1289	Uno Harbor	31	1297	Mitsubishi Copper Smelter & Zinc Refinery	32
			1922	Teikoku Mining Co., Hibi Refinery	35

Summary and Evaluation of Okayama-Uno Region

(See maps on pages M-11 and M-12)

With a 1940 population of over 163,000, Okayama was an important peacetime military post as well as a secondary industrial center—principally textiles and small chemical, paper and food processing plants. The military post, in the northern outskirts of the city, has numerous headquarters and barracks buildings, arsenals and storehouses. The arsenals are believed to be primarily ordnance maintenance or repair plants and are not listed as targets. However, unconfirmed reports state that this arsenal is a large producer of rifles, bullets, shells, hand grenades, mines and bombs. Reconnaissance may establish it as a significant objective. The Nakajima Casting Co, located to the west of the city, is reported to produce aircraft propellers but it is believed that only forging is done. In the absence of confirming intelligence the plant is not listed as a numbered target. The Chugoku Steam Power Plant TARGET 1284 is the largest station in the region's power supply network. A large chemical fertilizer plant (Nissan Chemical Co) is located near the entrance to Okayama Strait. It produces fertilizers and sulphuric acid, of which Japan has an ample supply, and is not a target.

An important station on the Sanyo Main Line, Okayama also has connections with the Sanin Line to the North Honshu coast and with the port of Uno to the south. Okayama's shallow port at the mouth of the Asahi River is reported to have been dredged and improved recently but the city still depends on Uno Harbor for its principal shipping outlet.

Uno Harbor TARGET 1289 is the Honshu terminus of the passenger and rail ferry service to Takamatsu on Shikoku Island. The port has also served as an auxiliary army embarkation point for the China theater and its dock and storage facilities were considerably expanded about 1938-1939 to handle military supplies. Current indications are that Ujina TARGET 735 in the Kure Area is the primary port of embarkation for the middle Inland Sea and it is believed that Uno is of only secondary importance as a military port. A 13,200 KW steam power plant, located at the southwest end of the port, is a secondary local power source.

One of Japan's leading shipbuilding and repair yards, the Mitsui Tama Shipyard TARGET 1295 is located just southwest of Uno. Expanded recently, this yard is also reported to build some Fischer-process units for synthetic oil plants. A sizable copper smelter and zinc refinery, TARGET 1297, is located on Nao Shima, just across the Katsurashima Strait from Uno. Hibi, southwest of Tama, is the site of a zinc refinery and sulphuric acid plant TARGET 1922 and of the Yura Dyestuffs Plant, a minor producer of picric acid.

DESCRIPTION OF TARGETS

AREAS 90.27, 28, 29, 30, 31 TARGET 1295 (OKAYAMA-UNO REGION)

CONFIDENTIAL equals British Confidential

PHOTO 27—Tama—Detail of southern part of TARGET 1295 Mitsui Tama Shipyard.

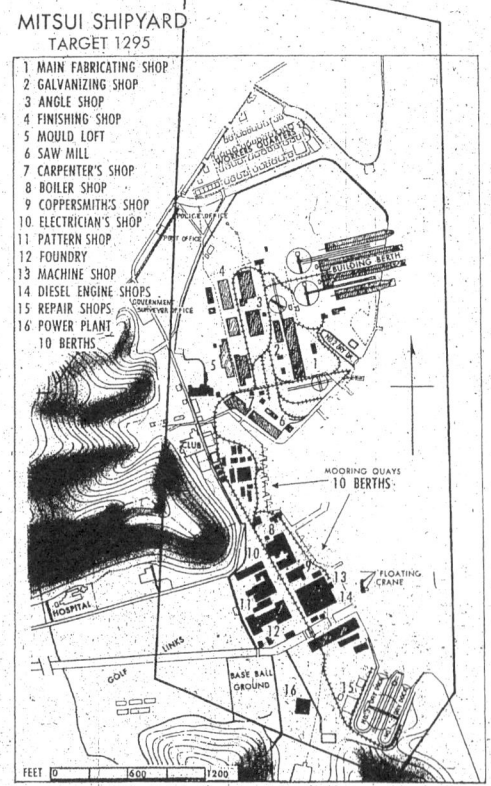

MITSUI SHIPYARD
TARGET 1295

1. MAIN FABRICATING SHOP
2. GALVANIZING SHOP
3. ANGLE SHOP
4. FINISHING SHOP
5. MOULD LOFT
6. SAW MILL
7. CARPENTER'S SHOP
8. BOILER SHOP
9. COPPERSMITH'S SHOP
10. ELECTRICIAN'S SHOP
11. PATTERN SHOP
12. FOUNDRY
13. MACHINE SHOP
14. DIESEL ENGINE SHOPS
15. REPAIR SHOPS
16. POWER PLANT
    10 BERTHS

CONFIDENTIAL equals British Confidential

AREAS 90.27, 28, 29, 30, 31 TARGET 1295 (OKAYAMA-UNO REGION)

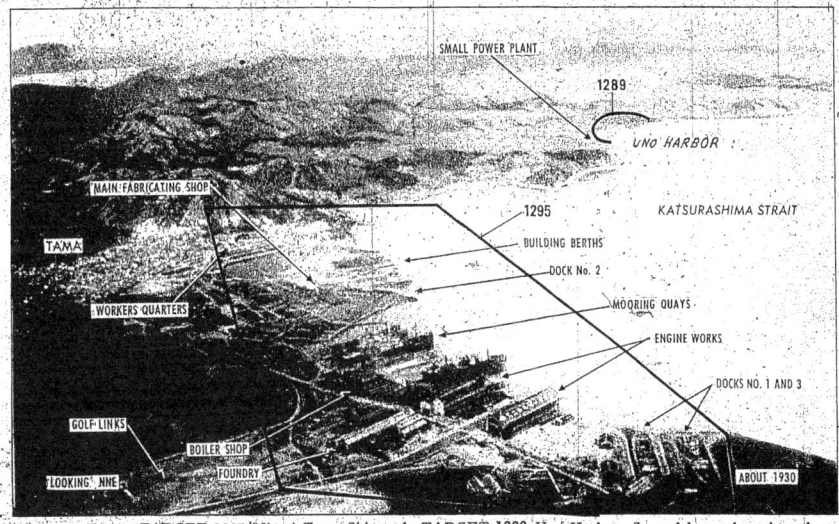

PHOTO 26—Tama—TARGET 1295 Mitsui Tama Shipyard. TARGET 1289 Uno Harbor. Several large shops have been added to shipyard since view was taken.

1295 MITSUI TAMA SHIPYARD
(Mitsui Zosensho KK)
TAMA
(NAVAL BASES & SHIPYARDS)

TARGET 90.27—

34° 28′ N—133° 56′ E (Approx)—One of leading Japanese shipyards; credited with about 12% of total launchings of commercial yards in peak years of 1936-8; extensive repair facilities. Builds and repairs tankers and merchantmen, manufactures diesel engines, boilers, rudders, etc. Recently began mfg Fischer-process synthetic fuel plant equipment in new factory unit. Can build ships up to 13,000 tons.

Drydocks (stone): in ft
#1: 564.6 by 74 by 22
#2: 487.6 by 77 by 24
#3: 405 by 48.6 by 14.6

Tower crane travels between Docks 1 and 3.
Building Ways: in ft
#3: 480 by 70
#4: 650 by 80
#5: 600 by 80
#6: 480 by 70

One additional 480 ft way reported. Yard has many fixed and travelling cranes, but no overhead gantries reported. Shipyard and engine works occupy about 400 acres, with room for expansion. Central section occupied by mooring quays 1200 ft long with room for ten ships. Bldgs are of steel frame or wood and corrugated iron. Few small stone or concrete bldgs. Employs approx 5000 men.

(See photos 25, 26 and 27; map on page M-12.)

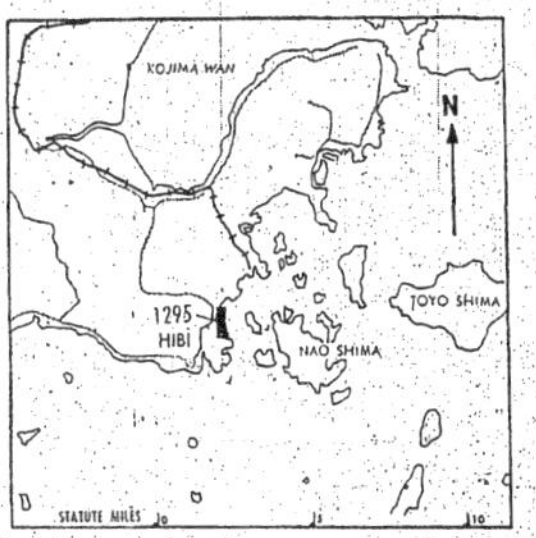

PHOTO 25 (right half)—Tama—Detail of northern part of TARGET 1295 Mitsui Tama Shipyard. Also see page 32.

3　証　言

　その時まだ生まれてない人には、当時の状況がうまくつたわりにくい。本稿の本論にはいる前に、限られたものだが、直接体験者の証言を紹介する。

　①と②は、1977年に地元で始まった「10フィート運動玉野」（代表武田紀代子）の毎夏の平和展に登場された二人の方の談話。1985年当時の証言である。現在では、この様な証言を直接ご本人から伺うことができなくなっている。①②ともに平和展の展示物から写した。年令は1985年当時のままである。

①　清水清さん（75歳）の談

　私は、市の産業課に勤務していて、市役所内で4日に一度ずつ宿直し、警報を出す役目をしていた。当時空襲警報や警戒警報発令の権限は、中部軍管区司令部にあって、ラジオから入る県の防空本部からの指令があって、初めて警報を出すことができた。

　和田の空襲については、警戒警報解除のあと小型爆弾が11発落とされ、6名即死。1名は三井病院に運ばれ、死亡。被害について防空本部に連絡があり、検死に立ち合うことになった。防空本部の検死は、憲兵、医者、警察、市役所の4者で立ち合うことになっており、本来は市役所側は衛生課の係がするのであるが、当夜宿直をしており、市役所代表として立ち合うことになった。

　翌朝に検証するということで、田井（たい）、築港、宇野、玉、和田、日比の各警防団に連絡をし、召集していたところ憲兵隊の軍機（軍機保護法）に反するというひと言で、縄張りがなされ検証は禁止された。

② 岡田信之さん（76歳）の談

　４月８日、午後12時前だったと思いますが、警戒警報が発令され、防空壕に家内は３人の子供と逃げていたが、警報が解除となり、やれやれと家に帰って休んだところへＢ－29から爆弾が投下され、５発のうち山の裾野に落ちた一発がさく裂し即死９名、重軽傷は13名も。落とされた爆弾は、あとで聞くと１トンぐらいとか。同じ社宅に引越して来たばかりの高杉さんの場合はご夫婦が死亡。お祖母さんと子供が残された。

　家内は、首の右側に爆弾の破片がつき刺さり、もう少しで頸動脈をやられるところだった。破片は右の手のひらにも。今もひと差指と薬指のつけ根に傷跡がある。手や足がちぎれた人の手当を優先して治療が行われていたので、長い時間ほっとかれていて、ヨードチンキぐらいだったと思うが簡単に治療された。頭部は卵の形ぐらいのおできになり１ヶ月ぐらい化膿していた。

　営繕課長（三井造船）という役目がら、空襲のたび被災個所を確認する仕事が優先し、家は家内にまかせていて、夜、休む時も寝間着を着てゆっくり眠るということはなかった。いつ空襲警報があるかわからないので、いつもきちんとゲートルを巻いていた。当夜も「奥さんがやられていますよ」という知らせで駆けつけた。

　直径20～30センチの松の木が爆風とともに丸山を飛び越して、今の日比中学の校庭あたりまで飛んでいったことでもものすごさがわかる。

　当時、被害について「爆弾があのあたりに落ちたらしい」と噂をしていただけで、憲兵にひっぱられた。また郵便ポストには、連絡しないようにと貼紙がされ、被害については隠された。　（中略）
玉野には造船所があるからねらわれたのだろうという人があるが、米軍は、将来に備えて造船所と鉄道施設は壊さない計画だったらしいし、計器があるし、片方が海だから位置関係はわかっているわけだから、どう考えても水島の帰りに爆弾を落としていったのだと思

う。

③は、三井造船社員の1945年8月8日付（封書消印とも）の身内に差出した手紙。冒頭の○子○子は、その家族の姉妹。文中「小生17日出岡」は7月14日のこと。「廿四日以来御承知の来襲」は7月24日の県南を襲った艦載機空襲である。このとき三井造船では、神祐丸が機銃掃射され死傷者がでている。（三井造船『三十五年史』）

敗戦の直前、もう造船所はさながら戦場である。

なおこの手紙は、受取人の家の方から当センターに資料として提供されたもので、差出人の了解なしに本冊に掲載したので、お名前は伏せた。

③　三井造船社員の8月8日付の手紙

[手紙原文画像]

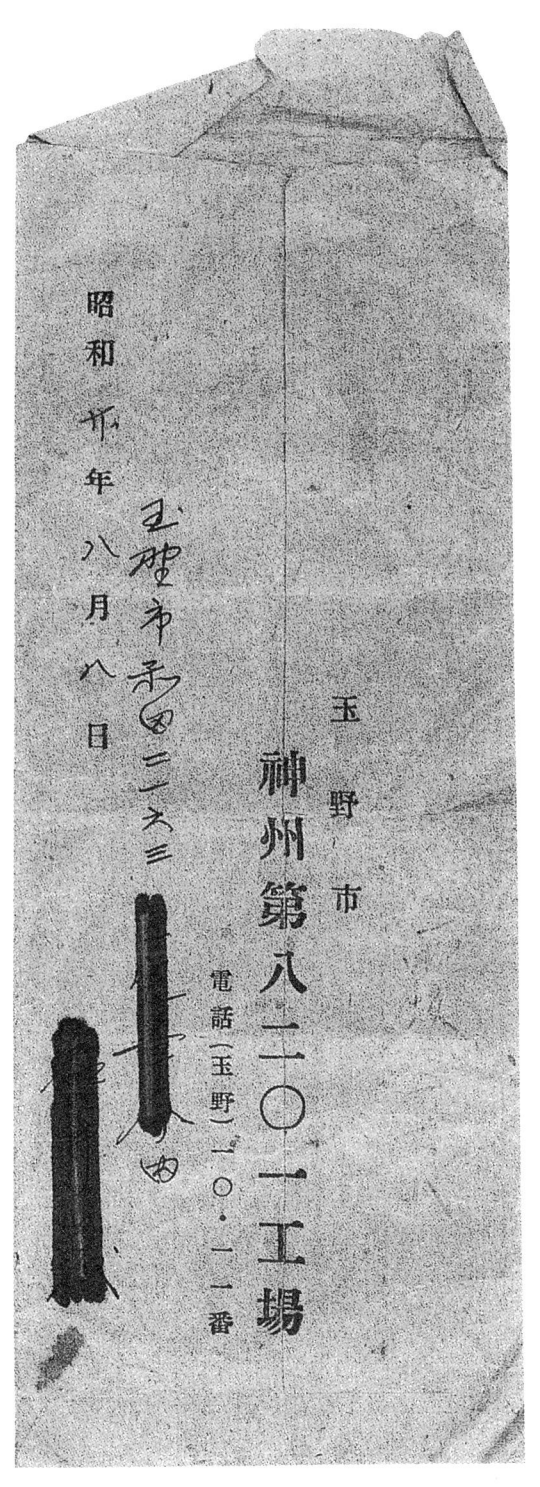

　①②③という限られた証言だが、玉野空襲の実際をリアルに伝えてくれる肝心のものとして存在している。地元の「10フィート運動」がなければ、私たちはこの貴重な証言に接することができなかった。しかし同時に、証言の内容がすべて客観的事実とは限らないことも知っておく必要がある。

　証言はどれも非常に大切な歴史の記録の一次資料として検証のテーブルに置かれるのである。①②③もその点の例外ではない。

4 記録された玉野空襲
－これまでどう語り継がれてきたか－

今日までの記録の内容を、経時的に表にした。内容が、先行の書物からの孫引きで成立しているものは省いた。

（表－1）玉野空襲についての戦後の記録一覧

番号	記録名 （編・発行者）	発行 年月日	記事	筆者註記
①	『全国主要都市戦災概況図』（第1復員省資料課）	1945.12	地形図に被爆区域と爆弾投下位置を記す。その説明：玉野市和田新社宅（三井造船株式会社玉野造船所社宅及寄宿寮）第5町内会及其ノ附近　昭和20年4月8日　爆弾（300ポンド）14個（内不発1個）	第1復員省はもと陸軍省。同図は国会図書館蔵。復刻版あり
②	『三十五年史』（三井造船株式会社）	1953.11.14	4月8日午後11時50分頃当所至誠寮附近に爆撃あり、死傷者を出す（年表の記載）	戦後のいちばん早い時期の記録であり、社自身が典拠の基礎資料を持っていると考えられるが、それは示されていない
③	『岡山市史戦災復興編』（岡山市）	1960.11.3	9月9日付の合同新聞に記載された岡山県下の空襲による被害として「7月8日午後3時50分ごろ三井玉野造船所付近をB－29、2機が攻撃、全壊11戸、半壊13戸、半焼1戸、死者9名、重傷18名、軽傷16名の被害があった。」と記す	新聞記事をそのまま記しているだけである
④	渡辺知水（郷土史家）『戦時生活知水日誌抄』（岡山市）	1960.11.3	「又も爆弾」：4月10日頃に米機が岡山県下に飛来して玉野に爆弾三、四を投じた。其時に某家では夫婦に子供1人が寝て居たが、両親の首が飛んで即死、子供は無事であったといふ、これが本当のデマといふもの。又宇野に投弾したのは造船会社の社宅の一家にお産があるので火を点じて居て敵の目標になったといふ噂もあるが、何かの目標はあったらしい、色々のデマは飛行機と共によく飛ぶ	『岡山市史戦災復興編』巻末に付録として収録されている。「最初の爆弾」として3月6日、「爆弾語り」として3月29日のことも記している
⑤	『玉野市史』（玉野市役所）	1970.8.3	（表外に別記）	

番号	記録名（編・発行者）	発行年月日	記事	筆者註記
⑥	『岡山県警察史（下巻）』（岡山県警察本部）	1976.3.31	県下の空襲状況：4月8日午後11時50分ごろ、三井造船所至誠寮附近に爆弾投下。死者13名、傷者約20名	
⑦	野村増一『岡山の戦災』（日本文教出版株式会社）	1985.6.1	「なお、戦後（9月8日）になって、岡山県警防課から公表されたものに、つぎのような記載がある。」として③の記事を記したあと次のごとく言う。「これは、岡山空襲以後のものであるが、『玉野市史』が4月8日の空襲だけを記しているのにとどまり、この7月8日の空襲については一字もふれていないことがわかる。」	
⑧	『岡山県史近代Ⅲ』（第12巻）（岡山県）	1989.3.31	（省略）	本稿の1章に記したのでここでは省略する

ここで、倉敷空襲の記録も一部取りあげた。本来なら玉野空襲と直接関係のないものであるが、記録の虚構の故に、玉野空襲とリンクすることになった部分である。

番号	記録名（編・発行者）	発行年月日	記事	筆者註記
⑨	『水島の戦災』（倉敷市）	1986.8.15	水島空襲の前に重要なことがあった。倉敷初爆撃である。次の表のように、連島町「警防日誌」「役場日誌」には倉敷市新川に投弾されたとしている。（4月8日の表省略）大正6年から、倉敷市新川（今の中央2丁目）にお住まいの重田常太郎氏は、次のように語った。「あれは、新川じゃありません。住吉町です。今の、岡山大学農業研究所のあたりの田んぼに爆弾が落ちたが、そのときは、たいした被害は出ていない」	『県史近代Ⅲ』の虚構のもとになった部分
⑩	『新修倉敷市史第6巻近代（下）』（倉敷市）	2004.3.29	「倉敷市域への空襲」の節で、4月8日住吉町の空襲は空白となっている	新しい市史⑩で⑨の誤りが訂正されることを期待していたが、だめだった。『県史』に記録されていることだしほおかぶりするのでは、歴史書とはいえない

> 『玉野市史』（表－1）の⑤
>
> それは四月八日、米軍が沖縄本土に上陸して間もないころのことである。
> 和田の丸山という小さな丘の下にある、和田社宅第五町内という四十戸ほどの
> 新築した社宅である。この時は空襲警報が発令され、どの家も灯火管制をしており、ラジオは、「敵機は備前地
> 区を旋回中」と報じ、間もなく「播磨平野を旋回中」と移動の方向を報じていたが、空襲警報は、まだ解除され
> ていなかった。
> 午後十一時五十五分、もうねている家もあったであろうが、突然、ドッドッドッドッという地ひびきととも
> に、ごう然たる爆発音は、家々の雨戸や窓ガラスをふっとばし、一瞬にして二十数名の死傷者をだしたが、この
> とき即死したものは六名、病院に運ばれて死んだもの一名、その後治療中に死んだもの一名で、八名の尊い犠牲
> 者をだし、そのほかにも足をなくしたり、指をおとした人もいたのである。
> このとき落された爆弾は八発であったが、その内三発は不発弾で、落ちた場所が山であったため、さく裂した
> 爆弾の破片による被害であった。
> しかしこの事件は、憲兵隊によって被害をかくすように指示され、市民の中にも知らないものが多いという状
> 態であった。

　玉野空襲の全体状況をよく画いているのは、唯一⑤の地元の『玉野市史』であろう。しかしその『市史』も確かな事実を記録しているという保障はない。（表－1）の記録に共通しているのは、（①は例外）自らの記録の当否にかかわる信頼性を裏付ける根拠（典拠）を示していないことである。①〜⑧の「事実」が一致していれば、仮に根拠が見えなくても、信頼することはそれなりに可能だが、見てのとおり、記録間で「事実」に異同がある。犠牲者数、空襲時刻、投下爆弾数などなど。（表－1）の各記録は、それぞれ独自のいろいろな典拠資料によって成立していることは間違いないが、利用した資料の吟味が十全にされていないと見ている。それはいちいち典拠を示さないことに現れている。それぞれが、資料をしっかり検証していれば記録相互の「事実」の異同はもっとすくなくなると思う。

　資料の検証を怠ってつくられるものは、記録の名に値しない。そうした限界の大きい記録を、後のものが、受け売りし続ければ、い

かなる事態がうまれるか。それを教えてくれるのが⑧の『岡山県史近代Ⅲ』であった。

⑧の虚構の出発点はどこか。表を見ればよくわかる。虚構の「7月8日玉野空襲」は、③が資料の真がんを見極めないで取りあげたことがはじまりである。そしてそれが⑦となり⑧が生まれる。

「4月8日倉敷住吉町空襲」も同じこと。⑨が肝心の資料を扱いながら、資料の吟味をせずに、事実として記録したことが出発点になっている。本稿でのそれら資料の吟味は、後章でする。

　記録は、限界の大きい資料をただなぞるだけでなく、掘り起しの一次資料（根本資料・肝心の資料）をしっかり検証してからなければならない。でないと記録に値するものはつくれない。このことはいつも自分に言い聞かせていることである。

5 掘り起こされた新しい資料（一次資料）

　課題を解決するためには、たくさんの一次資料を掘り起こし、拾い集めなければならない。数のすくない限られた資料に依存する限り、資料を正確に読みとることができない。資料の掘り起こしに際限はない。以下は、戦後60年の段階の成果の一端であるがあくまで中間報告。資料の探索はこれからも続く。

　説明の必要上、（表－2）を作った。そのサンプリングである。一次資料というのは、既存の研究や記録に依存しない、自ら発掘した生（なま）の資料という意味。既存の研究や記録がすでに扱った資料であっても、原典（オリジナル）にあたるという意味を含んでいる。

（表－2）掘り起こした一次資料のなかの玉野空襲

番号	一次資料名称	資料成立年月日	内容（玉野空襲関連）	筆者註記
①	牛窓防空監視哨長正本安彦『敵機捕捉状況綴』	1945.4	B－29　1機　4月8日23時49分　北東→西　投弾　高度1,500m	正本仁氏（正本写真館）蔵
②	連島町『役場日誌昭和20年』	1945.4	23時40分頃倉敷市新川ニ投弾ノ様子	倉敷市立中央図書館蔵
③	連島町警防団『警防日誌昭和20年』	1945.4	23時27分岡山県警戒警報　倉敷市新川ニ投弾ス被害	同上
④	アメリカ陸軍航空軍第21爆撃機集団（AAF XXI BOM.COM.）『作戦概要（日報）No.94』	1945.4.9	1945.4.8　レーダースコープ写真　作戦任務／1機／目標玉島／投弾500ポンド通常爆弾23発／レーダー爆撃／爆撃高度7,000～7,100フィート／損害確認できず	ピースおおさかマイクロ。原本米マクスウエル空軍基地空軍歴史研究センター蔵
⑤	第2宇野国民学校『校誌昭和20年度』	1945.5	（本冊2章）	玉野市立宇野小学校蔵
⑥	県警防課9月8日発表『合同新聞9月9日付記事』	1945.9.9	（表－1の③に同じ）	岡山市中央図書館マイクロ（同館に原本もある）
⑦	第1復員省資料課『全国主要都市戦災概況図』	1945.12	（表－1の①に同じ）	国立国会図書館蔵
⑧	証言	1970～2006	（3章①②③他）	10フィート運動玉野／当センター
⑨	現地遺構・遺物調査	2000～		当センター

| ⑩ | その他 | 1970代～ | （米軍資料など多数） | 当センター蔵 |

　先に述べたとおり資料探索の途中であり、おまけに非力で時間ばかり費やすことが多い。発掘の資料はまだ決して多いとは言えないが、それでもこれらの資料によって謎の解明と課題の解決はかなり前進させることができたと自負している。もちろんこれらの資料の徹底検証を通じてのことである。
　資料的限界のない資料はない。一次資料であってもそれは例外でない。重ねていうが、資料をなぞるだけでは記録はつくれない。次章でこれらの資料を検証する。

6　虚構の語り継ぎに終止符を

(1) 県下のＢ－29少数機空襲

　本稿の中心課題は、4月8日玉野がなぜ空襲されたのか、その謎を解明することである。そのことを通じて玉野空襲の真実に迫りたい。

　謎を解明するキーは、いわゆる米軍資料。攻撃した当の米軍に聞けば玉野空襲の謎はすぐ解ける。それを長い間していなかったのである。現在は、情報公開で、米軍の㊙資料をいくらでも見ることができる。そのなかの少数機（単機）の空襲にかかわる資料を読むといろいろなことがわかる。

　玉野空襲のような単機のＢ－29の空襲は、米軍が日本本土の工場や都市への大空襲を本格化する前段階に展開した作戦だった。それ故に初期空襲というくくり方もできるが、ここではＢ－29少数機空襲とする。

　アメリカのＢ－29による対日戦略爆撃作戦には、都市や工場などへの爆撃や機雷投下作戦などの表の作戦を支援する少数機による後方任務の種々の特殊な作戦任務があった。それには、原爆の投下訓練を別にして、7つのタイプがある。①「リーフレット投下作戦任務」②「写真偵察作戦任務」③「レーダー対策作戦任務」④気象観測／爆撃作戦任務」⑤「レーダースコープ写真／爆撃作戦任務」⑥海上救難捜索作戦任務」⑦航行護衛作戦任務」などである。どれもＢ－29（ときにＢ－24も加わる）の少数機（単機）の作戦任務である。

　そしてここでは、このなかの④と⑤の作戦任務に注目しなければならない。このタイプは、ついでに爆弾も投下しているのである。**その目的は敵をかく乱することであったが、同時に本番にそなえて先導機搭乗員の訓練もしていた。**彼等はやるものである。敵の上空で訓練をする。

県下の少数機空襲は、後掲（表－3）で一覧にしているが、この玉野空襲を含めて全部で8～9回（米軍の作戦の方から見て）を数えるが、それはすべて、大空襲（6月22日三菱重工業水島航空機製作所／6月29日岡山市街地）の前段階に存在している。岡山には6月の大空襲以降の少数機空襲は、存在しない。7月4日、1機のB－29の投下した焼夷弾で、市南部の農家数軒が被災するが、これは高松大空襲の機がコースをはずれて岡山市南部に侵入したもので、少数機空襲ではない。B－29少数機空襲について、くわしくは拙稿「『第20航空軍1944.11～1945.8.15の間の各種の戦闘作戦任務の概要』について」（「空襲通信―空襲・戦災を記録する会全国連絡会議会報―第7号2005.7.26所収）があるので、それによってほしい。本冊の（付録）として巻末に転載している。

（2）謎を解くキー米軍資料

　米軍資料のなかに、マリアナのB－29部隊第21爆撃機集団（XX1BC）ののこした「OPERATIONAL　SUMMARY」（以下「OS」）という文書がある。のちには表題が「OPERATIONAL　INTELLIGENCE　SUMMARY」と変わる）部隊の全作戦（大空襲も少数機空襲も）を、毎日、その日予定される作戦と終了した作戦の最終報告にわけて、情報部が司令部に報告する。いわゆる「作戦概要日報」である。そのNo.94（全3頁）の3頁と1頁をサンプルとして本冊の表と裏表紙に掲載した。これから出撃する予定の作戦は統計的に、結果の最終報告は具体的に要点が記されている。
　米軍の少数機空襲は、大空襲の「戦術作戦任務報告書」（タクチカルミッションレポート）（TMR）のような詳細具体的な報告書をいちいち作成していないので、この「OS」が少数機空襲解明のキー資料である。
　4月8日の玉野空襲の最終報告は、翌日の4月9日付（文書権限者のXX1BC司令官の署名は4月10日付）の「OS　No.94」（本冊、表・裏表紙参照）でされている。ご覧のとおり最終報告は5行。し

かしこの5行で玉野空襲の謎の解明が一挙に進む。

　4月8日の玉野空襲は、テニアンの北飛行場を基地とする第313航空団の「RSM6」(「レーダースコープ写真作戦任務：作戦任務番号6」)によるものだった。しかしこの「RSM6」の目標（ターゲット）は、玉野ならぬ玉島と兵庫県の明石。B-29 2機がこの作戦に参加し、すぐれたレーダースコープ写真(後節で説明)145枚を手に入れたと報告している。この任務には、今しがた述べたとおり、ついでの爆撃作戦任務がある。したがってNo.94で「RSM」と略記しているが、任務の全部を表わすように略記すると「RSM」ではなく「R（レーダー）S（スコープ）P（写真）S（爆撃）（ストライク）M（作戦任務）」となるものである。その任務の2機のうちの1機が、玉島に500ポンド通常爆弾23発を投下したと報告しているのである。目標の玉島に投下したはずの爆弾が、実際には、狙いはずれて、約20キロ東の地点の玉野に着弾している。
　4月8日の米軍の「RSPSM6」は、玉野造船所を標的にしていなかった。
　このあたりのことを県下のB-29少数機空襲全体を視野に入れて、もう少し見ていく。

　「OS」のナンバーによって、県下の少数機空襲を一覧できるように(表-3)を作成した。このように、米軍資料によって、その全体を洗いだしてみると、地上の一方向からだけで見ている限り、決して見えないものが見えてくる。誠に空襲の記録に米軍資料は欠かせない。
　この表を見れば、大空襲の前段階の少数機空襲が、県下のどこに的をしぼっているかはっきり見える。そこに玉野はない。
　これから(表-3)が教えてくれる事がらを読みとっていくことにするが、その前にレーダースコープ写真作戦がどのようなものか少し説明しておく。

（表－3）『OPERATIONAL　SUMMARY』（「作戦概要：日報」）に見る岡山に対するＢ－29少数機空襲

表番号	1945年 月日	時刻区分	『OPERATIONAL SUMMARY』ナンバーの情報 ①作戦任務No. ②任務内容 ③機数	ターゲット（目標）	①投下爆弾種類 ②発数	①投下高度（フィート）②雲量	投下方法	損害評価	基地 帰着時刻（K）	備考（OS No.）	地元・地上の情報 地元の被弾・被災の記憶の有無	備考※
①	3/6	深夜	①313RSM 2 ②レーダースコープ 写真／爆撃作戦 ③2のうちの1	岡山	①500ポンドGP ②6	①25,000 ②／	目視	石油貯蔵庫に命中	070740K テニアン	61	あり※	岡山市中心部から西へ約十数km
②	3/19〜3/20	深夜	①WSM296 ②気象観測爆撃作戦 ③1	玉島航空機工場	①500ポンドGP ②14	①26,000 ②アンダーキャスト（下に雲）		確認できず	201059K グアム	74	なし	
③	3/29	深夜	①RSM313-5 ②レーダースコープ 写真／爆撃作戦 ③1	玉島航空機工場	①500ポンドGP ②8	①7,000 ②／	レーダー	確認できず	300656K テニアン	84	あり※	倉敷市連島沖
④	4/8	深夜	①313RSM 6 ②レーダースコープ 写真／爆撃作戦 ③2のうちの1	玉島	①500ポンドGP ②23	①7,000〜7,100 ②10／10	レーダー	確認できず	090737K テニアン	94	あり※	玉野市和田（水島工場の約16km東）
⑤	4/12	昼	①WSM368 ②気象観測爆撃作戦 ③1	玉島三菱航空機工場	①500ポンドGP ②10	①25,000 ②／	目視	エクセレント（結果優秀）	122130K グアム	98	あり※	三菱の工場
⑥	4/13	朝	①WSM369 ②気象観測爆撃作戦 ③1	玉島	①500ポンドGP ②12（搭載の記録）	①／ ②／		（海上艦船目撃のみ）※		97 98	なし	OS No.98に爆撃報告なし
⑦	4/19	朝	①WSM387 ②気象観測爆撃作戦 ③1	玉島三菱航空機工場	①500ポンドGP ②12	①27,000 ②10／10	レーダー	確認できず	191623K サイパン	104	なし	
⑧	4/20	朝	①WSM390 ②気象観測爆撃作戦 ③1	玉島航空機工場	①500ポンドGP ②12	①31,500 ②10／10	レーダー	名称不明のビルディング	201427K サイパン	105	あり※	三菱の工場から約15km北東
⑨	4/25	昼	①WSM407 ②気象観測爆撃作戦 ③1	玉島三菱航空機工場	①500ポンドGP ②10	①25,000 ②2〜5／10	目視	グッド（結果良好）	252015K グアム	111	あり※	三菱の工場

(表－3) 註
(1) 米軍は玉島を三菱水島の航空機工場の後背地と考えていて、工場の存在する地域名を「玉島」としている。しかし米軍は「玉島地域」に連島、早島、倉敷も含めている
(2) 目標を「玉島」とだけ記している場合があるが、それはせまく玉島の町をさしているのか、「玉島地域」をさしているのかはわからない。
(3) Kはマリアナ時間。日本時間はK－1時間である。
(4) RSM：レーダースコープ写真作戦任務
(5) WSM：気象観測爆撃作戦任務
(6) GP：通常爆弾
(7) 雲量$^{10}/_{10}$＝全曇
(8) 空欄の／線は記載事項のないもの

レーダースコープ写真

「岡山へのレーダー接近図」

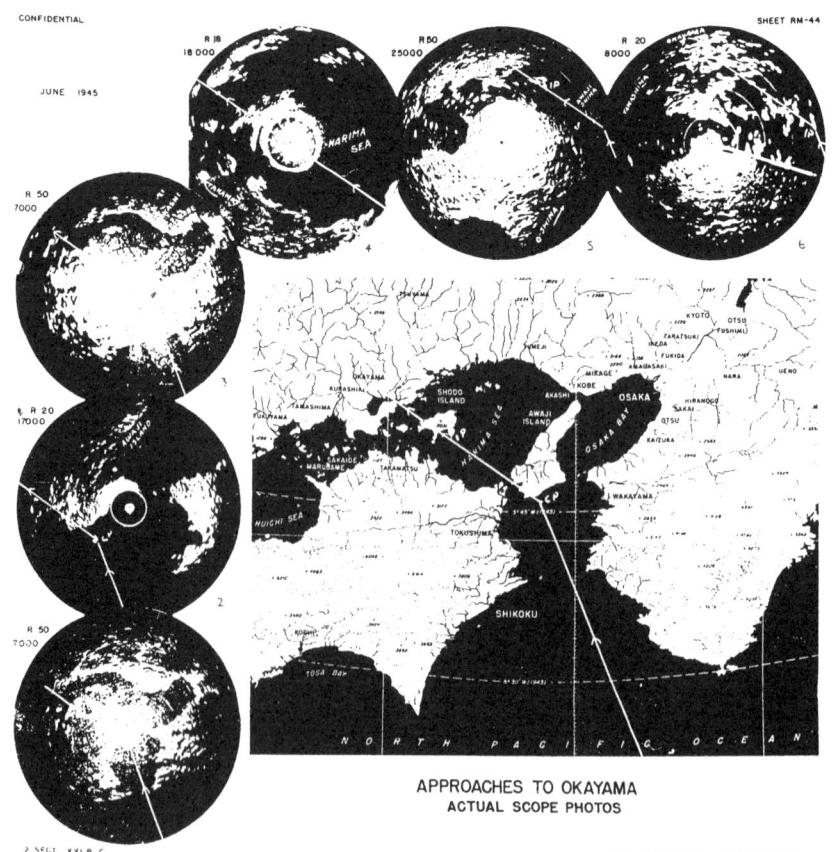

「TMR」作戦番号234～237から。国会図書館マイクロ

この図は、6月29日の岡山大空襲の際に作戦機が実際に使用したものである。6ツの円がレーダースコープの写真である。目標に接近中、機内でとらえたレーダースコープ（ブラウン管）の画像を、あらかじめ用意しているこの図と対比させて、目標に正しく接近していることを確かめる。図中の「CP」はControl Point。進入路に設定された出発点、「IP」はInitial Pont。攻撃始点である。「IP」から爆撃体勢にはいる。

　このスコープ写真を本番に先だって手に入れる作戦が、この際問題の「レーダースコープ写真作戦任務（RSM）」である。「RSM」とあるが、きちんとあらわせば「RSPSM」ともうひとつStrikeのSがつく。PはPhotosの略。「RSPM」は、専用カメラでブラウン管に映しだされた地上の地形の画像を写真に撮りフィルムに固定する機内作業である。レーダーだから夜間でも雲があっても任務遂行できる。玉野空襲はその任務機の"ついでの爆撃"というわけである。

　スコープ写真のもう一枚のサンプルとして、8月6日の今治空襲に使用されたものも載せておくので参考にされたい。この方の地図中には玉野造船所の標的ナンバー1295も見える。

「今治へのレーダー接近図」

「TMR」作戦番号312～316から。国会図書館マイクロ

さて県下のB-29少数機空襲（表-3）。これから読みとれることを箇条書きにする。

① 県下の少数機空襲は米軍の方からみて、8回存在する。（実際は9回だが、⑥は作戦の最終報告がないので数えなかった）。8回のうち2回は、日本側の地元の記憶が存在しないので、日本側（地元）からみれば、県下の少数機空襲は、3月6日〜4月25日の間に6回あったことになる。
② 8回は、作戦のタイプで見ると「RSM」が3回、「WSM」が5回。「WSM」の"ついで"の方が多い。「RSM」は本番に必要な写真さえ入手できれば作戦は終了するが、気象観測は日常的な業務で少数機作戦のなかでは出撃機数が最も多い。「RSM」が前半に偏在するのはそれを反映している面がある。もちろん新たにスコープ写真が必要になれば、その時点で「RSM」が実行される。実際に6月の大空襲の直前に玉島を目標にした「RSM」を実行しているが、このときはもう爆弾投下をしていない。
③ 使用された爆弾は、すべて500ポンドGP。これは工場などへの精密爆撃に多用される弾種である。
④ 投下弾数・量は"ついで"作戦だから普通多くない。しかし玉野空襲の場合例外的に23発。これだと重量約6米トン（500ポンド×23÷2000×0.9＝5.4t）で本作戦とあまり変わらない。このときは、爆撃の方にもかなり重点を移していたのではないだろうか。爆撃高度が極端に低いこともそれと関連すると考える。
⑤ 爆撃高度は、③④を例外とするが約8,000〜10,000メートルの高々度である。東京大空襲を画期とする戦術転換で、焼夷弾による夜間低高度爆撃がはじまるまでは、昼間の高々度（夜間も同じ）からの精密爆撃が普通だった。しかしそれは作戦の失敗が多かった。そのなかで③④は低高度爆撃をわざわざ試みていると思われる。

⑥　目視による投弾の方が、レーダー爆撃よりすぐれていることが、わかる。レーダー爆撃はみな目標を大きくはずしている。反対に、目視による投弾は高々度からの爆撃にもかかわらず、工場に命中させている。

⑦　高々度からの爆撃に加えて、レーダーにたよる爆撃が、地上の謎の空襲を生む原因になっている。（単機の場合目標に正確に接近すること自体が非常に難しいということもある）このことに関連して、地元に全く記憶のない２回は、どこが被弾しているのだろう。それは他地域と協力して調査しないとわからない。

⑧　さて肝心のことが最後になった。県下のＢ－29少数機空襲は、市街地の岡山を唯一の例外として、軍事施設は、三菱重工業水島航空機製作所（以下「水島」）ひとつに的をしぼっていることがはっきりわかる。４月８日は、造船所でなく「玉島」を狙っていたのである。玉野と「水島」の距離は、Ｂ－29の巡航速度で２分少々。玉島の町としても３分ほどの距離。レーダースコープの画像は不鮮明なので目標を誤っていると考える。そこを上空では、玉島だと思っているのである。

　少数機空襲では、先導機の案内もないことだし、目標を大きくはずすことは、めずらしいことではなかった。

（３）米軍の最優先の軍事目標は「玉島地域」
　　　——「玉島」は小名古屋になる可能性がある——

　米軍は「玉島地域」（水島を中心に玉島、連島、早島、倉敷）が、日本の新しい航空機産業の拠点として急速に発展していると見ていた。「玉島地域は小名古屋になる可能性がある」と『航空情報報告書』（AIR）３月15日号（部隊内の週刊航空情報報告書）で述べている。（参考資料①）

　本土決戦期の米軍の軍需工場への戦略爆撃の最優先目標は断然航空機産業に置いていた。マリアナのＢ－29日本本土初空襲は、東京

都下の「中島飛行機武蔵製作所」だった。1944（昭和19）年11月24日のこと。中島飛行機は、日本の航空機産業の東の横綱格。西の横綱は三菱重工業名古屋の工場である。その三菱名古屋の最初の空襲は、「三菱重工業名古屋発動機製作所」が目標になった。12月13日のことである。「水島」もこのとき、日本の航空機産業の主力工場10指のひとつに数えられていた。米軍は早くから驚くほど徹底した情報収集をしている。「水島」の空襲のことは、本稿の本論でないので詳述できないが、1944年末には、工場内の建物の配置、そしてその一つひとつの機能と構造などの分析をすませている。（参考資料②）翌年1月にはもう「水島」大空襲の爆撃中心点（照準点）が設定され、その位置を作戦機に教えるための『リトモザイク』もできあがっている。（参考資料③）

　作戦の発動直前（普通の場合）に作戦機に与えられる部隊情報部の『目標情報票』の日付は2月6日となっている。（参考資料④）

　「水島」をど真中に置く「目標図玉島地域」（参考資料⑤）も用意されている。第6章末に載せたので、この参考資料①②③④⑤を篤とご覧いただきたい。「水島空襲」については、くわしくは拙稿『1945.6.22水島空襲──「米軍資料」の33のキーワード』（岡山空襲資料センターブックレット1　2001.5.3吉備人出版刊）があるので、それによっていただきたい。

　「水島」空襲は1〜2月段階、このように作戦発動寸前に見えたが実際の作戦は数ヶ月ずれている。それは何故だろうか。まだ推測の域を出ないが、次のように考える。

　米軍が西で第一の目標として選んだのは、三菱名古屋発動機で、第1回目の空襲が、1944（昭19）年の12月13日のことであることは先に触れた。実は名古屋発動機は、12月13日を第1回として1945年4月7日（玉野空襲の前日）までの4ヶ月間に合計7回（12／13、12／22、1／23、2／15、3／24、3／30、4／7）大空襲されている。これは、いわゆる高々度精密爆撃が1回〜6回までは、みな

失敗していることを意味している。7回目の4月7日にはじめて作戦は成功（損害評価全屋根の94％ B－29出撃機数194）して、この作戦は終了した。11月24日の中島武蔵もそうだったが、この時期の高々度精密爆撃は、日本の気象条件に左右されて多くはうまくいってないのである。

　第一優先目標の肝心の三菱名古屋の工場が失敗をくり返しているとき、大工場とはいっても、新しいまだ完成もしていない名古屋工場の子あるいは孫にあたる「水島」を同時に空襲することはひかえたのだと思う。失敗の可能性が大きいからである。

　その「水島」大空襲を先のばししている間に、「玉島」を標的にした少数機作戦を実行していた。そこで本番成功のための情報収集、訓練に励んでいたのである。

　結果、6月22日の「水島」空襲は、7回目にやっと成功した三菱名古屋発動機とはうってかわって唯一回で工場を壊滅させることに成功している。

（4）'45.4.11「3PR5M132」米軍の玉野造船所
　　　写真偵察

　米軍の「水島」についての情報の量の多いことに圧倒されるばかりだが、一方の玉野造船所の情報はあまり多くない。しかし彼等が玉野の情報を収集する努力をしていないわけではない。「空襲目標情報ホルダー」をさがすと、一枚の空襲目標の航空写真があった。

90.27-1295
SR.212
MITSUI TAMA
SHIPYARD
3PRSM132-IV:106

90.27-1297
SR.212
MITSUBISHI COPPER SMELTER
AND ZINC REFINERY
3PRSM132-IV:106

REFER TO: 90.27
1289

写真のメモに90.27－1295／三井玉／造船所とある。1295はホルダーのインデックスの三井造船所の標的番号。写真にその位置が○で囲んで示してある。問題はこの写真の撮影月日。それは、「3PR5M132」－Ⅳ：106があるので知ることができる。3PRは第3写真偵察戦隊の略。5は1945年を表わしている。次がその作戦番号。Ⅳ：106は多分写真偵察のコードネームか。それはよくわからない。しかし「3PR1945年作戦ナンバー132」があるので例の日報でさがすと、それは玉野空襲の3日後の1945年4月11日の作戦であることがわかった。牛窓監視哨も4月11日朝5時35分　北東－東－南東のB－29、1機、爆音の捕捉をしている。捕捉時間は、「3PR5M132」の機のグアム帰着時間から逆算すると午前5時35分は、その機にピッタリ一致する。

　造船所はこの時期、「水島」とは違って優先目標でなく、一般的軍事目標として存在していると見ることができる。

（5）事実はひとつ
　──玉野空襲12の調査事項についての記録間の異同──

　玉野空襲解明のためのキーとなる調査項目は数え切れないが、ここで取りあえず12項目をあげ（表－4）を作った。記録や資料間の事実の異同が目につく。表中の空白は、記録、資料に記述がないことを示している。

　二次的な「記録」類によって調査項目を埋めることができるのは、①～⑥、つまり半分、あと半分の⑦～⑫は、発掘の一次資料によってはじめて埋まる。しかしそれも、地上・地元の資料だけではそれはできない。反対に上空から見ている米軍資料だけでもできない。どちらも必要であることに注目してほしい。

　しかし、問題は、たとえ項目を埋めることはできても、「記録」また「資料」の間で、「事実」に異同があることである。

(表－4) 玉野空襲

番号	調査事項	二次的記録			当時の新聞報 (合同新聞)
		『三十五年史』 (表－1の②)	『玉野市史』 (表－1の⑤)	『岡山県警察史(下)』 (表－1の⑥)	
①	機数				1機
②	爆弾の種類と数量		8発		
③	爆撃時刻	午後11時50分頃	午後11時55分	午後11時50分頃	午後11時頃
④	被爆・被災 場所	当所至誠寮附近	和田社宅 第5町内会 (丸山という 小さな丘の下)	三井造船 至誠寮附近	
⑤	犠牲者数	死傷者をだす	8名	13名	
⑥	警報発令の有無		空襲警報発令中		警戒警報発令
⑦	B－29侵入のコース				
⑧	爆撃高度				
⑨	空襲時の雲量 /目視又はレーダー爆撃				燈火を狙ったか
⑩	反撃の有無				
⑪	米軍の作戦目標				
⑫	B－29出撃基地				

査事項記録間の異同

一次資料		備考
地元・地上の資料	米軍（上空）資料 －「OS」No.94－	（註記）
（表－2の①）	1機（表－2の④）	『県史近代Ⅲ』は2機としている
（証言①）　300ポンド14発（表－2の⑦） （証言②）　1トン爆弾（証言②）	500ポンド通常爆弾23発	
11時57分（表－2の①） 11時40分頃（表－2の②）	（基地帰着時刻 　9日午前6時37分：日本時間）	
市和田新社宅 三井造船株式会社　玉野造船所社宅及寄宿寮） 町内会及其ノ附近（表－2の⑦） 市（表－2の①）	確認できず	藤原幾太家庭日記（岡山市門田文化町）4月8日の記事「玉野造船所社宅に爆弾命中」
（証言①）　9名（証言②）		経済安定本部（昭和24・4）玉野市「銃後人口の被害」死亡8…
警報発令中（証言①②） 警報23時27分発令（表－2の②） 　　同　上　　　　（表－2の③）		『邑久郡鹿忍町役場日誌』 警戒警報発令　午後11時40分 『上道郡三蟠村役場日誌』 　同　　　午後11時23分
→西（表－2の①）	（目標　明石、玉島）	
0m（表－2の①）	7,000～7,100フィート	高々度精密爆撃ではない
による捕捉（表－2の①）	雲量10/10（全曇）　レーダー爆撃	燈火を狙ったのは本当か／機影を見た物がいない
	反撃なし	（表－2）の⑤との関連
か（証言②）	レーダースコープ写真作戦任務 玉島に投弾	謎の解明
	マリアナのテニアン島	爆撃時刻の特定に関連

しかし"事実はひとつ"。それを明らかにする必要がある。

玉野空襲について解明されなければならない事柄はたくさんあるが、本稿ではとりあえず（表－４）の事項を中心にすすめる。

B－29の機数

この空襲はB－29１機によるものであった。この点では記録・資料間での異同は基本的にない。『岡山県史近代Ⅲ』が根拠なく２機とする例外があるだけである。米軍はこの作戦（「RSM」）に２機があたりそのうちの１機が目標の玉島に投弾したと報告しているが、このとき牛窓防空監視哨は、14分差で２機を捕捉し、そのうち１機が投弾したことを記録にのこしている。当時の新聞報道（'45.4.10付）もご覧のとおり「岡山附近に投弾」の見出しで、「B－29各１機は８日夜三次に亘り瀬戸内海方面に来襲した。…第二次は、岡山附近に投弾ののち…」（―線筆者）と伝えている。地元の人々の記憶で積極的に２機を主張するものは一人もいない。ここでは『岡山県史近代Ⅲ』の杜撰さがうかびあがる。

合同新聞1945.4.10付　岡山市立中央図書館マイクロ

爆弾の種類と数量

投下された爆弾の種類は、500ポンドGP。GPはGeneral Purposeの略。一般目的弾とも訳される。本文で触れたが、精密爆撃などで多用される通常の弾種。3月6日の県下最初の空襲でも、6月22日の「水島」大空襲でもこの弾種のみが使用されている。

3月6日の地元の方から、この500ポンドGPの破片が当センターに寄託されているが、破片の鋭利な割れ目の厚さを測ると約8ミリ。さほど部厚いものではない。しかし着弾点の近くの松の幹はふっとび、破片は数百メートル先まで飛んでいる。「玉野」でも「水島」でも地元で破片の実物をさがしているが、まだ見付けていない。事実を確定するうえで実物資料が何より大事である。戦後第1復員省が現場検証をしているが（表－2の⑦）、そのとき実物を手にしたかどうか定かでない。爆弾の制式記号を記していないからである。ただこの検証で爆弾の重量を300ポンドと記録している。これが、実際の計測の数字なのか、推定の数字なのかはっきりしたことはわからない。いずれにしても、実物破片を収集したい。

投下弾数について、米軍の報告は23発である。3月6日は、着弾点が約1キロの間に個別に分離していて確認できたが、玉野の場合、現在現地で確認する要件は完全に失なわれている。米軍の報告は信頼のおけるものだが、第1復員省の現場検証では不発の1発を含めて14発としている。この差は、米軍の報告数を前提にしてのことだが、次のように考える。

現場検証は、空襲から数ヶ月後にされている。爆弾の着弾点にできたクレーターも、それなりにくずれて、着弾数が正確に把握できなかったのではないかと考える。たとえ空襲直後の現場検証であったとしても、第1復員省が地形図に記した「爆弾投下位置」の範囲は、ヘッティングの方向（長い方）で440メートル。23発が440メートルに分布したことになる。3月6日よりたしかに爆弾の投下間隔はせまくセットされているようだ。その場合、クレーターが重さなることがあると見ている。

参考までに取りあげるが、米軍のフロリダエグリン飛行場実験場での、500ポンドGPの投下実験の際の着弾分布図がある。これは、弾倉内の乱気流効果（弾倉を開けると気流の乱れが爆弾の落下に影響する）を調べるテストではあるが、約600メートルの間に20発が並んでいる。この図からも、より投下間隔のセットをせばめれば、クレーターの重なりがいくつか生じることは十分予想される。この実験で実際に重なっている部分のある図もいくつかあるのを見ている。また実際の投下は左右バランスをとって２ヶ同時に放されるから、それが重なる場合も考えられる。

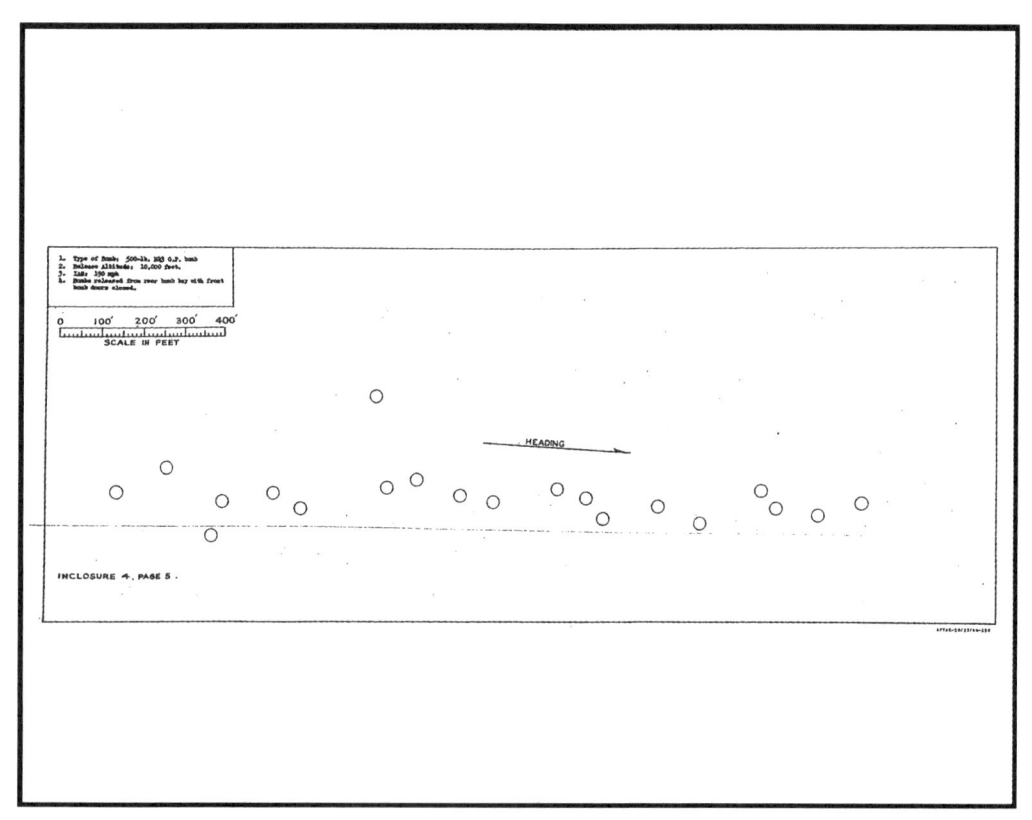

投下高度約3,300m　速度306km/h　500ポンドGP20発
国会図書館マイクロ

(註) 着弾分布は乱気流の影響以外に、投下間隔のセットの仕方、機のスピード、さらに弾倉の前部だけに搭載する場合、後だけにする場合、前後に分けてする場合によって色々変化する

　端ばしのことだが爆弾数のことでひとつ疑問がある。なぜ奇数の23発なのだろうか。普通、機の弾倉に搭載する際片寄らないように前後左右にバランスをとる。投下も機

のバランスが崩れないように、同時に投下する数は偶数であるはずだ。この場合23という数。たまたま初めから奇数だったのか。なんらかの理由で一発は投下できず機にのこったのか。どちらかわからない。この作戦の相棒の機は24発を明石に投下したと報告している。

<u>爆撃時刻は何時何分？</u>

およそのことであれば午後11時50分頃だったとすることに異論はないと思う。当時の新聞報道が「11時頃」とするのは、報道管制で、わざと時刻をあいまいにしているだけのことである。正確な時刻を特定することはできるだろうか。米軍は大空襲の場合「TMR」で第1弾も最終弾も、その正確な時刻を記録して司令部に報告している。しかし少数機空襲については、主たる任務が爆撃ではないからか、「OS」にその記録がない。あるのは、発進時刻や基地帰着時刻だけである。日本本土の目標地点とマリアナの基地間の飛行時間は片道普通およそ7時間余り。基地帰着時刻から、爆撃時刻が、深夜の日付の変わる前か後かの判定ができる場合はあるが、正確な爆撃時刻の特定はできない。正確な時刻を知るためには結局、地元・地上の資料にたよるしかない。

幸いそのキー資料として牛窓防空監視哨がのこした観測記録がある。（表－2）の①である。非常に貴重な資料だが、この肝心の資料にも限界がないわけではない。そのオリジナルコピーを見ていただきたい。

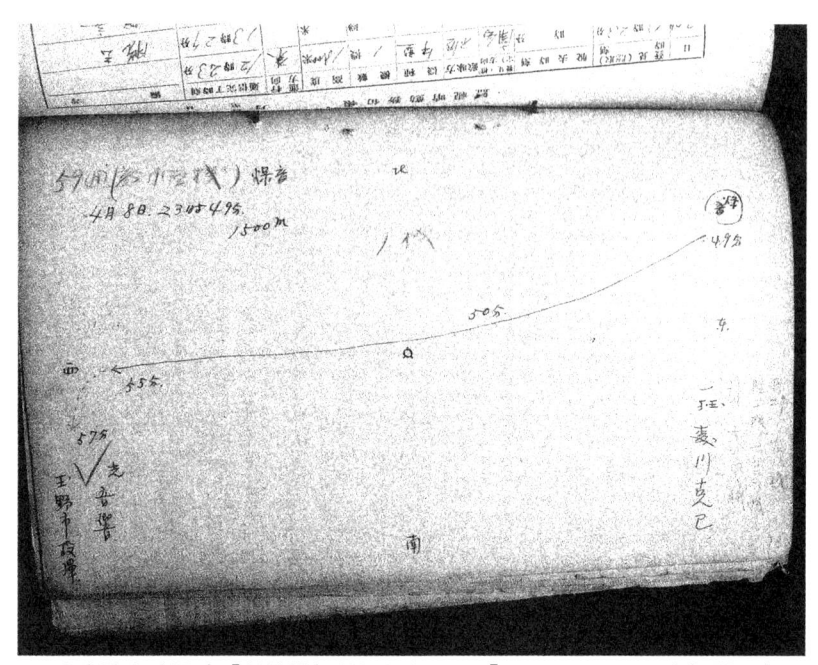

牛窓防空監視哨『敵機捕捉状況綴』から「4月8日　玉野市投弾図」

　その日牛窓防空監視哨（玉野の北東約25キロの位置。牛窓、玉野市和田間は約30キロ位だろうか）は、北東方向から西へ向う高度1,500メートルの敵機1機を爆音で捕捉する。機影は雲のためとらえていない。監視員はその機を「小型機」と思った。監視哨では、あとでそれがＢ－29であることを知るが、監視員はこれまで高々度のＢ－29ばかりで低高度のＢ－29の爆音を知らなかったのだと思う。それはさておき、最初の捕捉時間が23時49分である。監視哨の時間は当時もきわめて正確である。まだ敵機は監視哨の位置より東にいる。図の○が監視哨の位置。それから55分がある。55分は爆音を失なった時刻だと思う。そして投弾の記録57分がある。先ほど監視哨の時間は、きわめて正確だと述べた。したがってその信頼できる監視哨の資料によって投弾時間は正確に23時57分であると断定したくなるが、ことは簡単にそのようには運ばない。理由は、この図が監視員のリアルタイムの記録でなく、あとでその日の監視記録を整理して作られたものであるため、玉野市への投弾の事実を（玉野市への投弾も監視哨は後に知ること）折角監視員は光と音響の両方でキ

ャッチしながら、その時間差を記していない。この図を見る限り、57分がどちらの時刻か判断できない。3月6日のときは、光の発見時刻がきちんと記録されている。(前出『戦争の記憶』参照)しかし4月8日の図は違う。当の監視哨々長正本安彦さんは、戦後の手記「私の見た岡山空襲」で「4月8日には小型機一機が23時57分玉野市附近に投弾した光を望見しています」と書いているが、それは戦後何十年もたってからのこと。そのとき当の正本さんも、今私がするようにこの図を手元にして手記を書いている。"小型機一機"にそれが現われている。

　23時57分は、現在、時間にきわめて正確な防空監視哨の記録という確かな根拠を持って提出できる唯一の時刻には違いないが、このような資料的限界から逃れることができないでいる。間違っても23時57分をひとり歩きさせないでほしい。『玉野市史』(表－1の⑤)の午後11時55分」がもし存在しなければ、私は、かくこだわることはなかったかも知れない。『玉野市史』の時刻は、根拠がないので採用できるものではないが、仮に牛窓の57分を音響の時刻とすると牛窓―玉野市和田間の距離は音速で2分弱ではないか。妙に『市史』の55分が生きてくる。しかし現在のところこれは仮定の話。結局、正確な投弾時刻の特定は、これからの新しい資料の発見に待つしかないのである。

　現在のところ、正確な投弾時刻は、はじめに戻って「午後11時50分頃」とすることになる。

　被弾・被災場所

　玉野市和田の被弾のポイントを、本冊巻頭の航空写真(当時に近いもの)と現在の地形図の両方に印した。現地調査をして第1復員省が作成した地形図(表－2の⑦)とも照合した。地元の体験者の案内もいただいて正確を期した。(巻頭グラビア参照)

　被災・被害場所は、第1復員省がその全体をとらえている。『市史』などの記録は概してあいまいな表現で全体をとらえきれないで終っている。しかし第1復員省の記録も、寮にしても社宅にしても

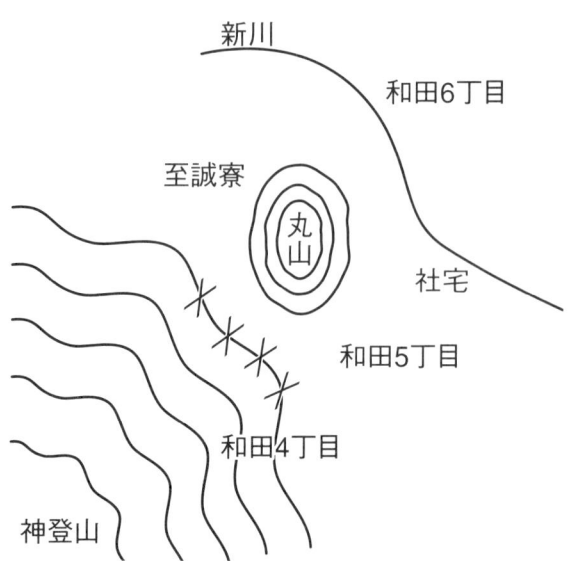

第5町内会も、現在は存在しないので、その場所は非常にわかりにくくなっている。現在の地形図にその場所と範囲を画けばよいが、それは正確になし得ない。すればかえってウソになるのでしない。略図を書けば上の如くになるが、現在の町名でいえば被弾場所は和田4丁目、被災場所は主として和田4丁目と　和田5丁目である。和田5丁目と6丁目の境に新川という用水路ほどの川が流れている。この新川という地名が、玉野空襲のひとつの謎を解くキーなので記憶しておいていただきたい。現場付近の新旧の写真も参照されたい。

三井造船『三十五年史』から　和田社宅全景

友野澄雄氏撮影2003.1.12
現日比中学校から丸山（現 円山団地）を望む
（P48の写真とほぼ同位置からの撮影）

地蔵山　丸山　被弾ポイント

<u>犠牲者数</u>

　「事実はひとつ」と意気込んだが、私の力でなにも明らかにすることはできなかった。犠牲者のことは、記録のなかでいちばん肝心なことであるだけに、残念でならない。数の問題ではない。犠牲者のお名前をきちんと記録に残すことこそが大事なのである。遺族にお会いできたのはお一人だけ。証言などによってお名前を知ったのは５名の方にとどまった。

　犠牲者数の記録、資料間での異同のこと。どれが真実か不明である。最低の７名から最高の13名。いずれもお名前は記されていない。数の根拠も示されていない。『市史』の８人は、地元の記録だからいちばんたしかだと思いたいが、それも不明。経済安定本部の報告書の玉野「銃後人口の被害」で「死亡８」があり『市史』と一致するが、犠牲者は玉野市で、４月８日だけでなく７月24日の艦載機空襲のときにも造船所内ででている。（『三十五年史』）それが安定本部の数に含まれているか不明である。

　地元の記録等では犠牲者数はみな10名未満であるが、『県警察史

だけ13名と多い。警察が特別の資料を持っているのなら是非教えてほしい。

このなかでいちばん確かな資料・データは、三井造船所が持っていると考え、数年の間に総務課を何度か訪ねたが、『三十五年史』が集めた基礎資料も含めてそれはいっさいないという返事だった。死傷者は三井病院に運ばれたので、カルテ等が保存されていると考えてここにも訪ねたが、まだ見つけだしてもらっていない。

この調査では、自らの非力、また個人的な力の限界をひしひしと感じるばかりであったことを告白する。

警報発令の有無

『玉野市史』は"空襲警報発令中"としているが、事実でない。その日「警戒警報」は発令されているが「空襲警報」は最後まで発令されていない。当時は新聞報道にもあるように、1機、2機の少数機の侵入には、「空襲警報」を発令しないのが普通だった。

岡山地域の警報発令の権限は、中部軍管区司令部司令官（大阪）だけがもつものだが、警報発令は、いわば法にもとずく強権発動で、発令されればその種類に応じた、防空、警防、救護などの態勢を整えなければならない。しかし当時B－29の侵入は頻々としている。1944（昭和19）年11月21日から1945（昭和20）年8月15日までの間に、牛窓防空監視哨は約170回のB－29少数機の接近あるいは侵入を捕捉している。ほとんど単機のB－29である。もし必要な「空襲警報」をその都度発令したら、警報はたれ流し同然となる。市民の生活も工場の生産もストップする。それで敵機が上空にいても、少数機の場合「空襲警報」の発令をしなかったのである。軍の情報戦は、訓練の間はよかったが、B－29の侵入がはじまったら、すぐに完全に破綻していたのである。

いったい「空襲警報」と「警戒警報」の発令の区別はどうなっているか。防空法（施行令）は、軍の情報戦の破綻に合わせるように都合よくできていた。

警報は4種類。発令と解除がそれぞれあるからである。警戒警報

の発令…「航空機ノ来襲ノ虞アル場合」、空襲警報の発令…「航空機ノ来襲ノ危険アル場合」となっている。敵機の侵入の「虞」と「危険」をどう見分けるのだろう。

　それは敵に聞かなければ絶対にわからない。それで軍は少数機は「虞」、多数くれば「危険」としていたのである。実際の県下の6回の少数機空襲では、一度も「空襲警報」は発令されていない。（3月19日には艦載機の襲来があり空襲警報が発令された）これが情報戦の破綻の姿だった。

　B－29侵入コース

　米軍はこの機の侵入コースの報告はしていない。この機の任務が目標に一直線に接近し爆撃するというものでないからだろう。

　しかし牛窓防空監視哨が、監視哨の位置のすこし北を西へ進む機を捕捉している。和田の爆撃はこの機によるものだった。

　投弾のさいのB－29のヘッディングの方向は、着弾分布（第1復員省の図）で見れば北西↔南東と考えられる。

　爆撃高度

　米軍の作戦はこの時期は、高々度精密爆撃が普通だった。玉野空襲の前日の4月7日の三菱名古屋発動機の空襲、第7回目でやっと目的を達成した空襲であるが、その場合も、投下高度は16,000～25,000フィートと高い。玉野の空襲の場合は、7,000～7,100フィートで例外的に、その頃の作戦では考えられないほど低い。なぜそうしたのかはわからないが、本文でそのことに少しふれたところである。この場合、それほど高度をさげても、目視できず目標を大きくはずしている。

　空襲時の雲量

　空襲時は曇天であった。監視哨も低高度の機の機影をとらえていない。地元でも同じことである。米軍は空襲時の雲量を10/10（全曇）と報告している。米軍の日本本土空襲の成功の度合は気象条件に大きく左右された。気象観測とそのデータの収集は日常的な大切な作戦任務だった。空襲中にもそれをしているのである。

空襲時全曇であることがはっきりすれば、当時"燈火が狙われた"とか、社宅にお産の家があって"火を点じて"いたために狙われたなどというのが事実でないことがはっきりした。

　反撃の有無

　米軍は反撃されなかったと報告している。地元でも誰もこのとき、地上からの邀撃を目撃していない。防空態勢はまだ整っていなかったのである。

　米軍の作戦の目標

　このことは、本文でくわしく取りあげた。

　B-29出撃基地

　マリアナのB-29基地は、サイパン、ティニアン、グアムに置かれている。最終的にはそこに5ヶ航空団が配備されるが、4月8日の段階は、まだ4ヶ航空団（315航空団未配備）であった。4月8日玉野空襲はティニアン基地の313航空団の機によるものであった。313航空団は日常的には機雷投下作戦を分担する航空団である。

　「警戒警報」発令の時刻

　4月8日の「警戒警報」発令については、前⑥項で見た。その際発令時刻のことに触れなかったのでここで取りあげる。（表－4）にその時刻を記録している資料（いずれも当時の『役場日誌』）を三点あげている。取りだすと次のようである。

　　『三蟠村役場日誌』（上道郡。現岡山市）　：23時23分
　　『鹿忍町役場日誌』（邑久郡。現瀬戸内市）　：23時40分
　　『連島町役場日誌』（都窪郡。現倉敷市）　：23時27分

　このように発令時刻に多少の差がある。警報発令の元はひとつだが、警報の伝達系は複数であり、また伝達の順位の上下によって、警報発令を受領する時間に差のあることのあらわれである。決してどれかが不正確な記録をしているというものではない。警報発令は（解除も同じ）正系統の発令情報を受領した時刻が発令時刻となる。発令時刻は場所によって異なるという点を理解してほしい。

　さて、これらの役場日誌によって、4月8日は、「警戒警報」だ

けであるが、それは、とに角空襲前に発令されていたことが分かる。

（6）参考資料

MARCH 15, 1945　　　　　　　　　　　　　　　　　　CONFIDENTIAL

XXI BomCom. TARGETS

NEW MAJOR JAP PLANE PRODUCTION CENTER?

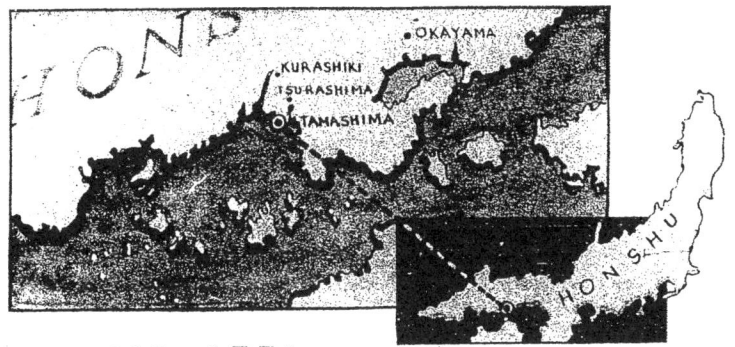

TAMASHIMA AREA MAY BECOME A LITTLE "NAGOYA"

On the southwest portion of Honshu Island, about halfway between Kobe and Kure on the Inland Sea, evidence points to the development of a new aircraft manufacturing center.

This area is in the vicinity of Okayama, a city which had a population of 163,000 in 1940. It centers more exactly on the villages of Tamashima, Tsurashima, Kurashiki and Hayashima. The first two are on the seacoast at the mouth of the Takahashi River, 15 miles southeast of Okayama. The second two lie inland seven or eight miles towards Okayama.

The area has been known in the past as a textile center, and with one important known exception, the aircraft or aircraft parts plants reported here are thought to be converted spinning mills.

FEEDER PLANTS

In three of these towns there are mills belonging to the Kurashiki Spinning Company, a concern which recently obtained a license to enter the aircraft industry under the name of Kurashiki Aircraft Company.

About three and one-half miles east of Tamashima and just south of the village of Tsurashima, the Mitsubishi Aircraft Company has built a large plant (Target No. 90.27-1681 - the Mitsubishi Aircraft Company, Tamashima Plant). Prisoners of war and other intelligence in the past have indicated that engines for the planes manufactured here have been made at Mitsubishi's vast engine plant at Nagoya (Target 90.20-193).

15　　　　　　　　　　　　CONFIDENTIAL

参考資料①

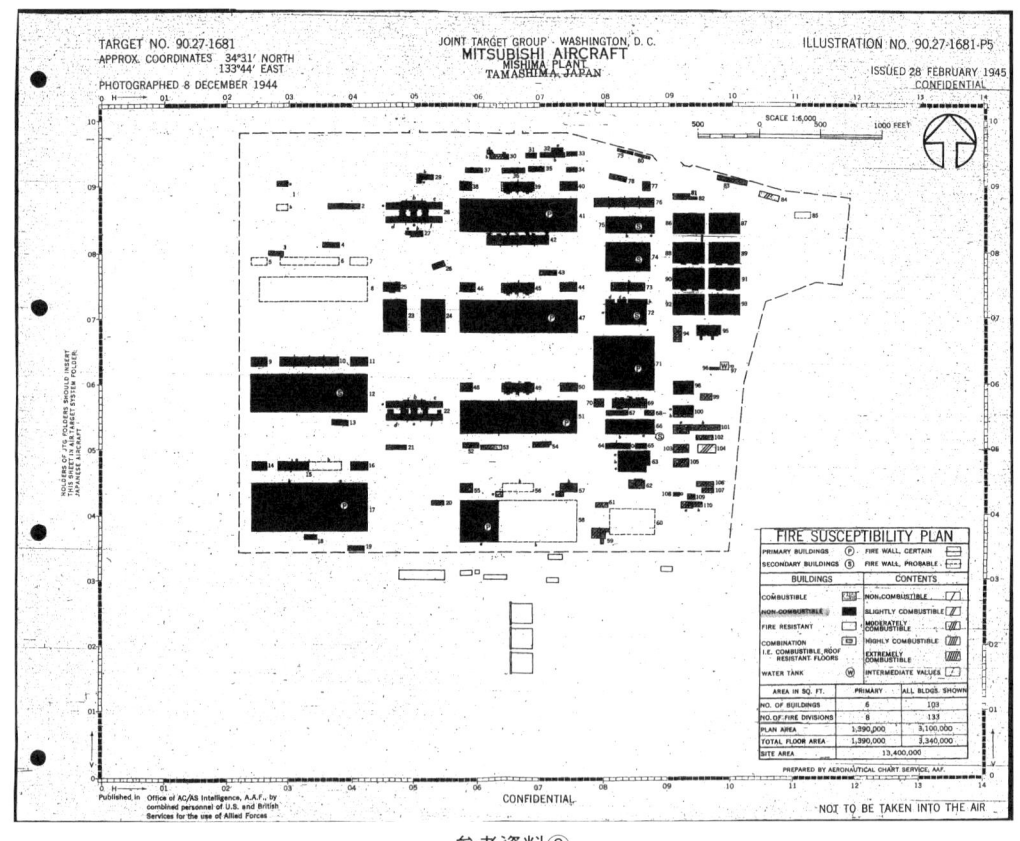

参考資料②
図の発行は1945年2月28日。使用の写真は1944年12月8日撮影のもの

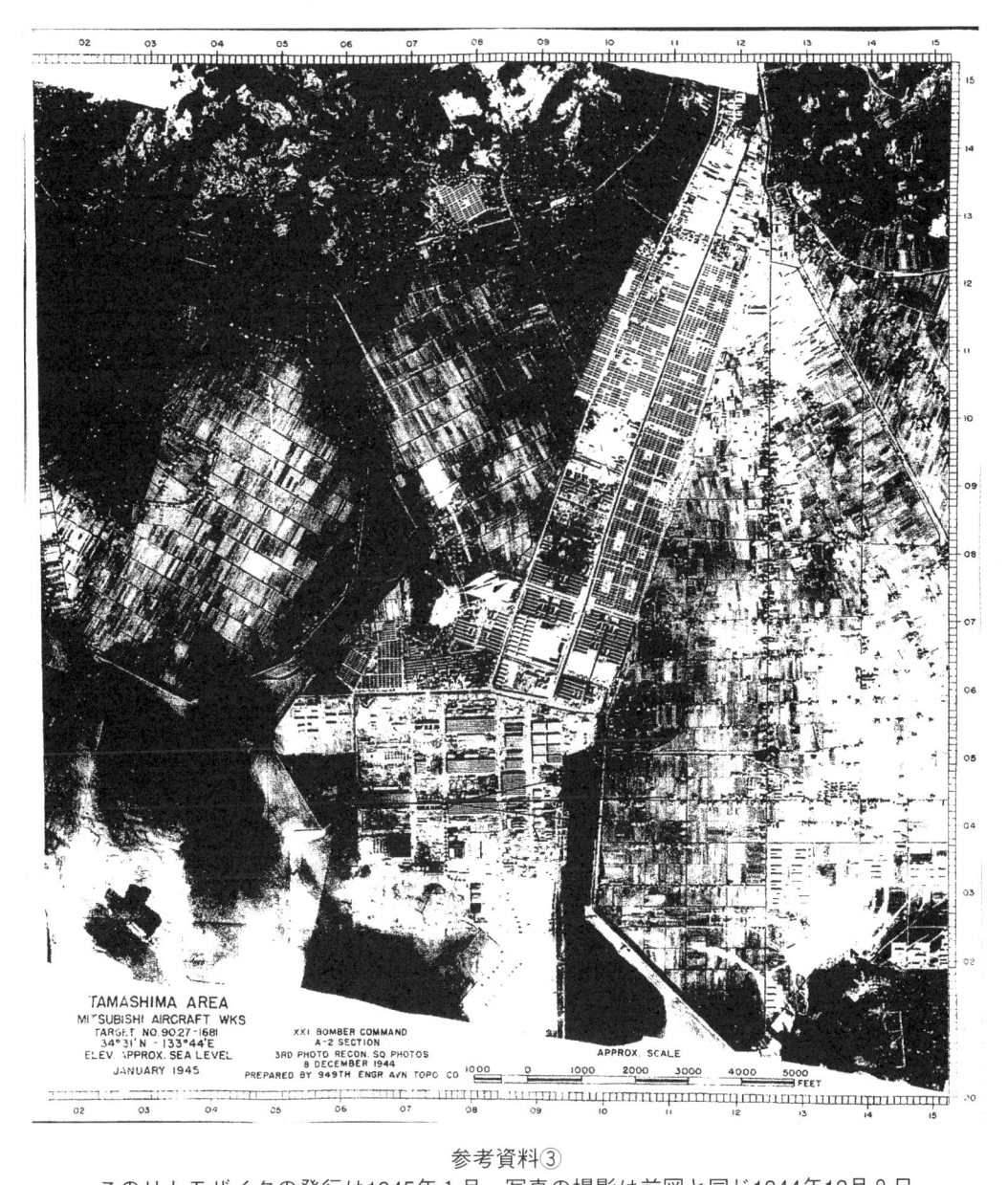

参考資料③
このリトモザイクの発行は1945年1月。写真の撮影は前図と同じ1944年12月8日

(CONFIDENTIAL)

<u>NOT TO BE TAKEN
INTO THE AIR ON
COMBAT MISSIONS</u>

TARGET NO: 90.27-<u>1681</u>
OBJ. AREA NO: 90.<u>27</u>

T A R G E T   I N F O R M A T I O N   S H E E T

90.27-<u>1681</u>: MITSUBISHI AIRCRAFT WORKS (MISHIMA), TAMASHIMA

Latitude: 34°31'N
Longitude: 133°44'E
Elevation: 10 feet

1. LOCATION & IDENTIFICATION: Target 1681 is located in Honshu approximately halfway between Kure and Kobe along the north shore of the Inland Sea. The great Inland Sea of Japan is bounded on the north and on the east by Honshu, on the west by Kyushu and on the south by Shikoku. Shimonoseki Strait guards the northwest entrance to the Sea and broad Bungo Channel is its only entrance from the southwest. At the eastern end is oval Osaka Bay which is almost land-locked by lambchop-shaped Awaji Island at the north end of Kii (Kit) Channel - eastern exit to the North Pacific.

The general terrain of the surrounding mainlands is high and rugged with irregular shorelines, narrow coastal flats, and restricted interior lowland basins. Shikoku, 138 miles long, is mostly mountainous. The rugged and sharp-sided mountains of the interior reach up to over 6000 feet. The widest lowland on the south coast is around Kochi. It narrows abruptly to the southeast along the shore of Shikoku's sharp southeastern peninsula. On the eastern side is a 15-mile strip of coastal flats that extends inland west of Tokushima to form a narrow ridge-shaped lowland 46 miles long and four miles wide. It is drained by the Yoshino River. Almost identical conditions prevail on the east shore of Kii (Kit) Channel and the coastal area there is nearly a mirror image of that on the western shore.

Throughout its length the Inland Sea is peppered with islands which are so numerous in places that they almost separate the main portion into three rather distinct seas. The central of these is Hiuchi-Nada. Both its ends are chucked full of islands and outside the eastern entrance is large amoeba-shaped Shodo Island. The central of these is Hiuchi-Nada. The village of Tamashima is located at the northeast corner of the Hiuchi on Honshu's low hilly submerged shoreline about 100 miles directly west of Osaka and 15 miles southwest of Okayama. It lies on the west bank of the broad island-filled mouth of the Takahashi River. The main double track railroad line from Tokyo passes to the north. The smaller village of Tsurashima is just across the river and half-wooded ravine-scarred hills 500 to 2000 feet rise abruptly beyond.

- 1 -

(CONFIDENTIAL)

Target 1681 is located about four miles southeast of Tamashima. A very prominent barracks and housing area about 2200 feet wide stretches from the plant for about 3500 feet to the northeast. There is a similar housing area 1900 by 4000 feet about a mile to the east. Immediately south of and connected with the plant is the Kurashiki Airfield whose northeast-southwest hard-surfaced runway is built on reclaimed land.

2. PLANT DESCRIPTION: As of the date of photography (8 December 1944) construction of this new Mitsubishi assembly plant appeared to be about 75% complete. Construction was still in progress. When completed the plant will occupy a total area of approximately 12,000,000 square feet - 3,100 feet north and south by 3,900 feet east and west. Buildings are of the typical one-story type, with modified sawtooth or sawtooth roofs. Floors are of concrete. Walls are probably predominantly corrugated asbestos or light metal sheeting. Along the west side of the plant area are three large final assembly buildings - one already finished and in use, the other two under construction. Fuselage fabrication/sub-assembly takes place in the three large buildings lying across the N-S axis of the target area. Lying between these three buildings and the final assembly building is a completed smaller building probably used for engine storage, with another being constructed immediately to the east of the first. At the end of the railroad spur entering the plant area at the northeastern corner are storage buildings, cutting and forming shops, wing assembly and power plant. Foundry, heat treatment, pattern template shops and machine shops are in the southeastern corner of the plant area, alongside the dock facilities. Especially noteworthy in the case of this target is the wide spacing (400' to 500') between principal buildings, possibly as a means of minimizing bomb damage. Roof coverage/plant area ratio as of the date of photography is about 15%.

3. IMPORTANCE: This plant is the newest large identified unit of the Mitsubishi Aircraft Company, primarily engaged in airframe manufacture/final assembly of 2E bombers (notably "Bettys"). Prior to photographic reconnaissance, POW and other intelligence had indicated that Mitsubishi's plant near Tamashima had started delivering A/C early in 1944. It is believed that engines/major components for A/C turned out here are supplied largely by the same company's Nagoya plants (Targets 193 and 194), but Mitsubishi is reported to have built and to be building a number of parts factories in this general area. These and converted textile factories in and around Okayama-Kurashiki suggest the development of an expanding parts and components sub-contracting system feeding into the Tamashima assembly lines. Before photo intelligence was available to indicate the size of the plant, it was credited with only a negligible contribution to total output of Jap combat A/C. Assuming only 25%-30% roof coverage upon completion of the plant, a roof coverage of somewhere in the 3,000,000 - 4,000,000 square feet range is indicated, which compares favorably with the larger airframe/assembly priority targets. On 8 December, photos showed 56 completed 2E bombers between the final assembly buildings and the airstrip.

(CONFIDENTIAL)

4. <u>SUGGESTED AIMING POINT</u>: The northwest corner of the southern-most of the three fuselage fabrication/sub-assembly buildings is suggested as an aiming point. (076043 on XXI BOMCOM Litho Mosaic Number 90.27-1681). With this as the center of impact all of the vital installations of the plant would be included within a CEP of 2000'.

6 February 1945

A-2 SECTION
XXI BOMBER COMMAND

(CONFIDENTIAL)

参考資料④

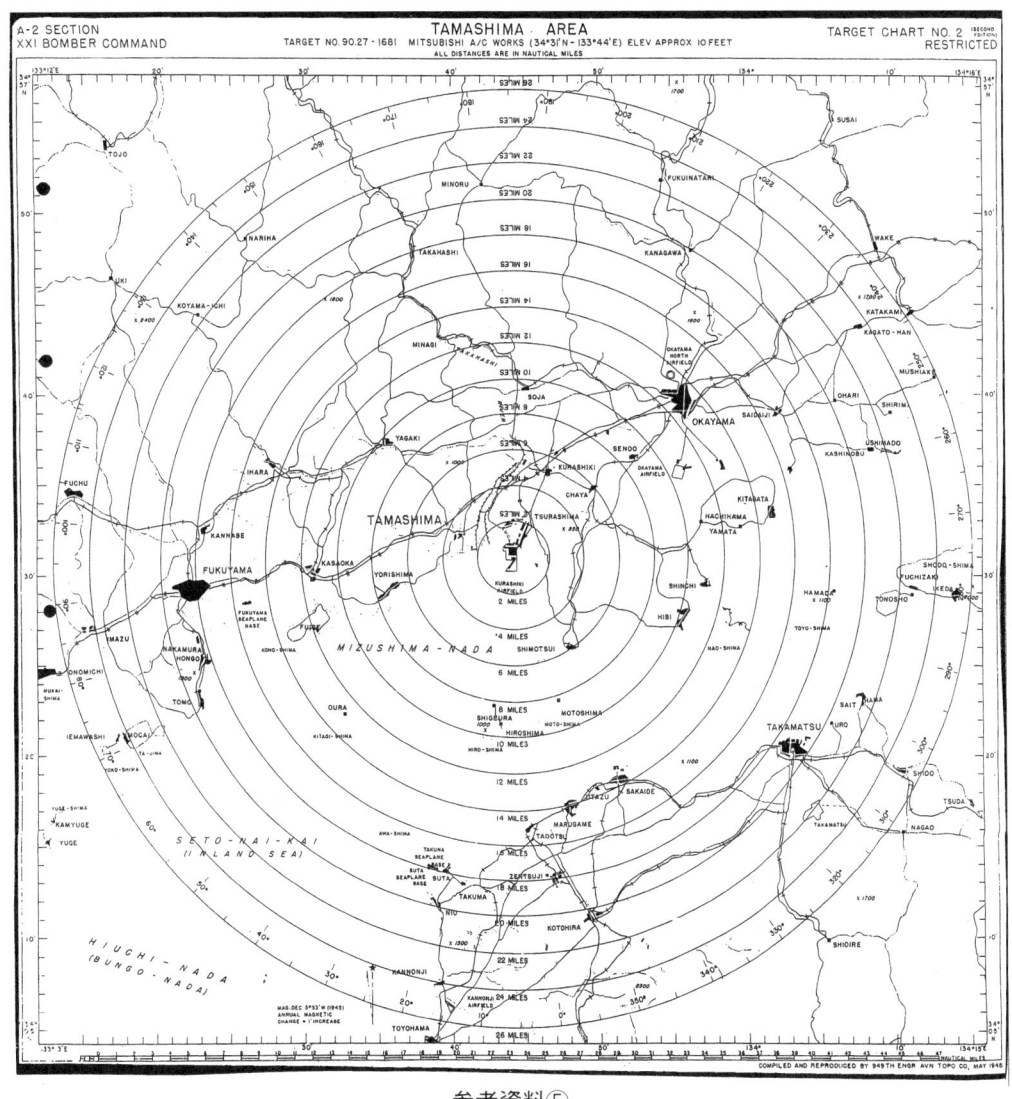

参考資料⑤
※以上①②③④⑤は国会図書館マイクロ

7 『岡山県史近代Ⅲ』の虚構はなぜ生まれたか

　この世に存在しないものの証明は難しい。ミスプリントの類で、存在しないものを存在させてしまうことは、「記録」のなかではよく見かける。しかしそうしたミスであれば簡単に訂正できる。たとえば、本稿が（表-1）で取りあげた『岡山県警察史（下巻）』でも、「４月１日午後１時６分ごろ、Ｂ－29一機が三菱重工業水島航空機製作所へ爆弾を投下。死者８名…」と記しているが、明らかに「４月12日」の間違い。「４月12日」のことが欠落しているのですぐわかる。

　しかし『県史』の「７月８日」は「４月８日」の誤記ではない。実在の「４月８日」と虚構の「７月８日」を共存させている。この誤りの訂正は、『県史』自らしてくれればことは簡単だが、書物を完全に消してしまうことができれば別だが、第三者にはほとんど不可能である。「７月８日」を『県史』の癌細胞とすると、その免疫力としての「４月８日」がこれまであまりにも弱かった。本稿がはたして『県史』の癌細胞の有効な免疫力になり得たかどうか。

　最後に『県史』にしてなぜこの虚構が生まれたのかを明らかにしておきたい。それをせずに筆をおくことはできない。

　敗戦から１ヶ月もたたぬときであるが、"死傷者三千名に上る"の見出し記事が地元の合同新聞（1945・9・9）に載った。県警防課がはじめて公表した大戦中の県下の「空爆被害」の内容を伝えたもの。戦時中情報が全く断たれていただけに、はじめてその内容を知り、眼前が急に明るく開けたように感じた。新聞は手に取るのもはばかられる程紙質は劣弱で、活字もあちこち欠けている。欠字をあれこれ頭で補って読んだ。「７月８日午後３時50分ごろ三井玉野造船所付近をＢ29二機が攻撃…」の記事が事実でないとは、誰も思っ

てもみなかった。しかしこれは誤報だった。警防課の発表のオリジナルを探しているが、まだ見付けていない。そのためどちらが間違えたのか分からない。

　『県史』の虚構の根源はたしかに、この記事にある。しかしこの資料の限界を見抜けない『県史』の記録者は失格である。そのことを厳しく指摘しておきたい。もともと歴史の記録者・研究者が取りあげた諸々の資料で、限界のない資料などひとつもない。取りあげた資料の真がんを見極めること、資料を間違いなく読みとるため、他のできるだけ多くの資料を収集すること、それが、記録者・研究者のなすべき仕事である。調査・研究なくして記録なし。しかし『県史』は空襲の記録で、それを全くしていない。それが問題なのである。驚くべきことに新しく編集された『県史』であるのに、先行の限られた書物の、しかも杜撰な典拠の孫引きしかしていない。空襲の記録なら被災した地元の調査もいるだろう。死者の声も聞くだろう。それを全くしていない。たとえ自ら地元に出向かなくとも、地元の「社史」や「市史」がある。そこに7月8日の空襲は存在しない。反対にそこに記されている4月8日が警防課の発表に登場しない。新聞の誤報に気付かぬはずはない。『県史』は学問の王道を歩いていない。（いや、「王道」を歩いている）

　『県史』のなかの虚構の記録は、改めていうが、新聞の誤報のせいではない。資料の不足のせいでもない。記録者・研究者が、その責任を少しも果たしていないところに根本原因がある。そのことを強く指摘しておきたい。若い世代が、このような『県史』の真似を絶対してほしくない。

　『県史』のもうひとつの虚構「倉敷市住吉町の空襲」。『県史』は、「水島への空襲」の項をたてて、その本文で、「……さらに4月8日には倉敷市新川に爆弾が落とされ（実際は住吉町の水田に落ちた）、……」と記述している。（　）書きで"実際は"などというから、いよいよ正真の歴史事実の如くに見える。しかしこれは事実ではな

い。その事実でないことの元は、『水島の戦災』（倉敷市刊）がつくっている。『県史』が典拠したものである。そこで『水島の戦災』を取りあげることになる。しかしこの方は『県史』と違って決して孫引きで虚構をつくっているのではない。使用した資料（一次資料）の扱いに問題があった。したがって、今度は、歴史の記録の際の資・史料検証方法の見地から『水島の戦災』を問題にする。

　『水島の戦災』の「新川町（住吉町）の空襲」の記述の部分は、前出（表－１の⑨）にある。これが『県史』の典拠したヶ所である。『水島の戦災』は、連島町の『役場日誌』と『警防日誌』（表－２の②と③）の４月８日の記事を根拠にしている。それは、公的（半公的）な役場の記録である。日誌という毎日のリアルタイムの記録である。二つの記録の内容には基本的に異同はない。したがって、前者の「23時40分頃倉敷市新川ニ投弾ノ様子」、後者の「倉敷市新川ニ投弾ス被害」に疑いをさしはさむ余地は全くない。はなからこれを事実としてしまった。筆者のような疑い深い人間なら別だが、普通の人であればそれは至極当然のなりゆきといえる。しかし歴史の記録者としては、資料の扱いにいささか落ち度があったといわなければならない。どうして「水島の戦災」は現地調査をしなかったのだろうか。Ｂ－29の爆撃が実際にあれば、当時情報は秘匿するにしても大事件である。その地響、爆発音は何十キロ先にもとどろいている。憲兵の現場検証もすぐにされる。爆心地を見にたくさんの人がやってくる。３月６日の場合でも、深夜爆発音で目覚めた中学生は翌朝、友だちをさそって20キロも先の現場に歩いて出かけている。彼は遠いので途中でやめているが、現場は山中だったが、見物者が多くて道のないところに道ができたほどだったという。倉敷市新川は現在の中央町。大原美術館のそば。住吉町にしてもその南隣りで、現在の倉敷の美観地区のすぐそばである。なのに倉敷の町の人々には、爆弾の記憶はない。実は『水島の戦災』も、地元の住民から、新川に爆弾は落ちていないという情報を得ていた。しかしただ一人

の証言を得ただけで、町役場の日誌の記事の信頼性を相対比することができなかったのである。同時にその証言も相対化できないで、「住吉町が被弾」という新しい虚構を作ってしまったのである。証言というものは本質的に絶対的な存在だが、資料として役立てるためには、それを相対化しなければならない。そのためには一人や二人でなく、何十人何百人の証言を得なければならない。証言以外の資料もたくさん集めなければならない。筆者はこの件でまだ決して多くの証言を得ているとはいえないが、これまで機会があるごとに現地での聞きとりをしていて、その数は延べにすれば何十人かになる。でもただの一人も４月８日の倉敷空襲を語る人はいない。反対に、４月20日の現倉敷市中庄・豊洲・帯江付近の空襲（表－３の⑧）は、倉敷で多くの人が記憶している。その一人、当時住吉町の近く（住吉町の東隣の前神町。現在中央町）に住んでいた少年、大西伸一氏は、筆者を現地に案内してくれた。そこでは爆心地も確認できるし、証言者もたくさん存在している。大西伸一氏は、間違っていることは訂正しておかなければならないと語っている。

　調査・研究なくして記録なし。その点では、『水島の戦災』にも、『県史』と同じ面があったことは否めない。

　この機会に、証言の扱い方について触れる。証言は、歴史の記録にとってきわめて大事なもの。すでに述べたが、それは本質的には、一つひとつが絶対的存在である。しかし歴史資料としては、証言のすべてが客観的事実を語っているとは限らない。そこには、主観的な見解や印象、そして伝聞も語られる。時には他からの借りもので語られることもある。証言も資料としてよく吟味しなければいけない。いわゆる相対化である。そのためにできる限りたくさんの証言を集めたい。しかも急いでしなければならない。現在証言という大切な歴史の資料を永久に失ってしまう瀬戸ぎわにある…。

　さて、『水島の戦災』は、一人の方の証言によって、「倉敷市住吉町の空襲」という虚構を成立させたが、その責任は証言にあるのではない。証言者は、「新川ではない」という事実を語ったので、そ

れ以上先の事実は知っているはずもないのだから語っているはずはない。しかしその知るはずもないことが、「…のあたりの田んぼに落ちたが…」と事実のように記録される。筆者はこの証言に立ち会っていないが、間違いなく、彼はそうは語っていないと思う。語ったのは、せいぜい「新川には落ちていない。（でも落ちたというなら）南の田んぼ（岡山大学農業研究所）の方ではないか…」ぐらいだと思う。それが、記録者、インタビュアーによって先のように聞きとられてしまう。記録者・インタビューアーは、4月8日の空襲の存在を絶対化してかかるし、証言の立場のものにそれは否定すべくもない。それがこういう聞きとりを作っている。記録者・インタビュアーの聞きとりの技量の低さの反映だと思う。証言者をウソつきにしてはならない。

　証言に立ち会っていないものが、かくまで言えるのは、ひとつには、4月8日の倉敷市空襲が虚構であることをはっきり知っているからであるが、もうひとつは、空襲・戦災の記録のなかで、これと同じように証言が虚構をつくっている例が無数といってよいほど存在しているからである。その殆どは、証言に問題があるのではなく、記録者・インタビュアーの方に問題がある。限られた資料しか扱っていないために、資料の相対化ができないのである。この場合が実にそれをよく現わしている。日誌というひとつの資料、一人の証言。二つだけではどちらも相対化することができないで、「倉敷市新川空襲」を「倉敷市住吉町空襲」にしてしまった。『県史』はこれを無批判に受け売りした。

新川町の被災の虚実

　ここまでくれば、読者は、連島町の二つの「日誌」の誤報がなぜ生まれたか気づかれたのではないだろうか。筆者自身もはじめは思ってもみなかったことである。それが誤報であるということなど。ただ筆者は、『水島の戦災』にくらべれば、より広い視野のなかで

それを見ていたし、資料の探索の範囲もどこまでも広げていたので、連島町の「日誌」の記事の相対化は、それなりにできていた。しかしはじめは不思議だった。4月8日のほぼ同時刻に、倉敷市も空襲されている。だとすると、玉野に投弾の機が、二度に分けて倉敷市にも投弾したのか。「313RSM6」には2機のB-29が参加している。1機は明石に投弾したと報告しているが、もしかすると倉敷に落ちたのではないかとか、あれこれ考えていた。しかし、倉敷の現地に被災の記憶は全くない。そのうち、玉野空襲を調査しているなかでのことだが、思いがけない資料が手もとに届いた。そのもののコピーを下に掲げた。

　新川町！　玉野市和田新川町。もう殆んど紙くずとして処分しようとしていた中にあった衣料切符。私どもの年代では悪夢のようによみがえる物資統制の中に存在した衣料切符。そのなかには、倉敷市の新川ならぬ玉野市和田新川町がある。筆者は、そのとき、目に見えぬものの導きだなぁとほんとうに感じたことである。

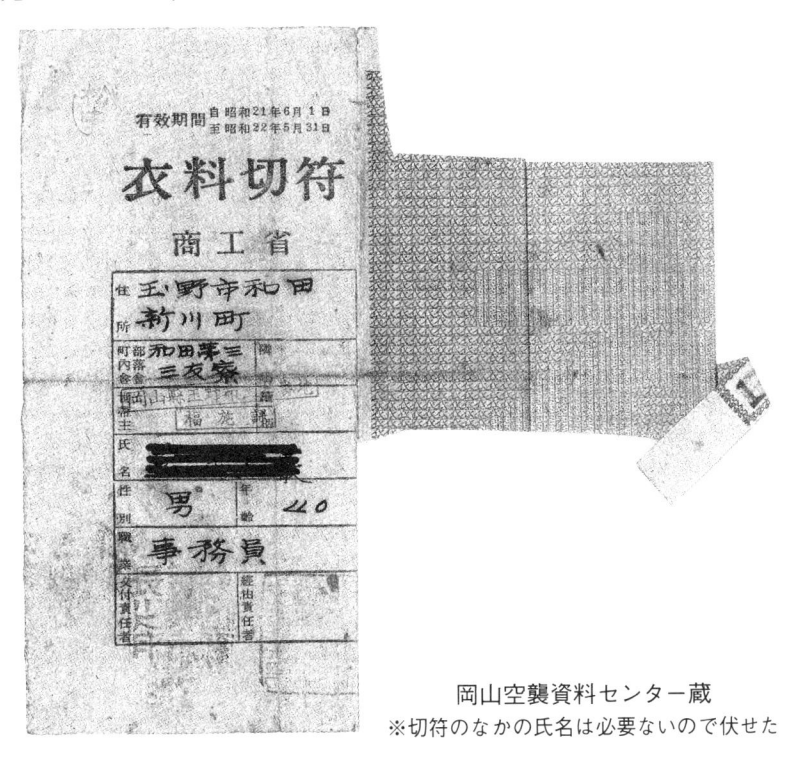

岡山空襲資料センター蔵
※切符のなかの氏名は必要ないので伏せた

玉野市空襲の資料のなかでは、一次的なものにも二次的なものにも、造船所の社宅や寮や町内会の名称は登場していても、地元の本来の地名は全くみえなかった。衣料切符で和田新川町の存在を知って、改めて地形図を見ると、当時の造船所の社宅群のなかを新川が流れている。そこに新川町が存在していたのである。改めて地元の証言者に新川町のことをたずねると、ありふれたことのようにその存在を認めるのである。ただ新川町の町名は町名変更で戦後すぐ消えているようで、玉野市役所の市民課、税務課にたずねても、和田のどの範囲かわからぬという。玉野市立図書館にも、資料がない。もう現地の古老に教えてもらうしかない。現在、古老の方をさがしている最中である。いずれにしても４月８日の玉野空襲の被災地に新川町は存在していたのである。

　もうこれ以上は説明は不要と思う。玉野市和田新川町被災の情報が、連島町に届いたとき、隣町倉敷の新川と思いこんで、「倉敷市新川ニ投弾ス被害」の記事ができたことは間違いない。情報が遮断された時代のなかでしか起こらないことだと思う。この衣料切符が当センターにやってきた経緯だけでも、書けば一冊の本になるが、きりがないのでやめる。本稿は、このあたりで終ることにする。

8　あとがき

　今日は、4月8日。玉野空襲61周年。自分で勝手に決めた締切りの日であるが、なんとか間に合ってよかった。ほっとしている。これも多くの方の厚いご支援のたまものである。感謝している。

　本稿はあくまで未完の記録である。資料の探索は、今も続いている。しかしこれから先は、若き諸君に託したい。諸君の力でこの事業を是非完成させてほしい。
　ここに次の方々のお名前を特に記す。
　武田紀代子（地元10フィート運動代表者）、額田昭子（元玉野高校教師）、友野澄雄（当時中学卒業直後。社宅で被災）、大西伸一（水島空襲体験者）。
　以上の方々には特別にお世話になった。私どもの調査にあたって、現地の案内、資料の探索、収集、また証言などなどわが事のように働いて下さった。もしこの方々との出会いがなければ、本冊は間違いなく実現していないと思うことである。
　またこの方々のまわりには、たくさんの協力者がおられた。非常に多くの方々のご協力により本冊ができたのである。この場をかりて改めて厚くお礼申しあげる。

　確かな事実の記録を残したい。書かれた^(LITTERA)　文字は^(SCRIPTA)　残る^(MANET)！　真実こそいのちと平和のもと。

2006年4月8日

あとがき補遺

　あとがきを書き終えたその日、武田紀代子さんの電話からビッグニュースが飛び込んできた。玉野空襲の生証人が見つかったという知らせ。水谷哲夫、艶子ご夫妻。当時二人は、新婚生活を始めたばかり。和田の社宅に新居をかまえて10日目に、爆撃に合う。その時隣家の方は亡くなるが、二人は傷を負うが、それは当時としては軽傷の部類にはいるもので、三井病院で応急処置をうけたあと、翌朝には壊れた家を見に戻っている。この空襲で二人の和田での暮らしは10日間で終わったという。

　４月11日、早速水谷さんのご自宅でお話をうかがった。はじめは、お二人別々にお話していただくつもりだった。しかしご夫妻同席で、別々にお話をうかがうことは不可能だった。それで、お二人の話としてかいつまんで、以下に（証言④）として紹介させていただく。

　新しい証言をいただいた機会に、これまでにいただいている他の方々の証言も続けて紹介させていただくことにする。いただいている証言はまだ決して多くない。しかしこうして、証言をいくつも重ねていくと、被災の具体的状況がリアルに浮かびあがる。犠牲者の出た場所は、丸山の南側のふもとの（証言②）の岡田さんや（証言④）の水谷さんの社宅の周囲であることがはっきりしてきた。しかしまだそれぞれの方からじっくり時間をかけて、また何回か繰り返してお話を聞かせてもらうことが、当方に時間的ゆとりがなくできていないことをお断りしなければならない。

　別のことであるが、４月21日、三井病院から、玉野空襲の関係の患者の診療記録（カルテ）は、保存されていないという連絡をいただいた。病院にも資料の探索の協力をしていただいていたことである。

　（証言④）
　　水谷哲夫（大正7　1918年８月生れ）、艶子（大正14　1925年７月生れ）
　　インタビュー2006年４月11日

インタビュアー　日笠俊男

　前日は、町内の当番で二人で見回りをした。4月8日は、くたびれたので、宵の口から床に就いた。哲夫さんが話す。時間は何時だったかわからない。枕元の腕時計が12時でこわれていた。寝込んでいて警報がでていたかどうかも覚えがない。そして突然、紫色、赤い光が見え同時に爆薬のにおいもする。ザーと音がして、何かに埋まって体が重くなって起きようにもおきられない。その時の光と音とにおい。やっともがいて出て、艶子さんをひっぱりだす。艶子さんは、ドロドロと爆音を聞いた瞬間に爆発があったと話す。隣の社宅に、同時に入居した同じ職場の矢野さん夫妻がおられた。矢野さんの「水谷くん！水谷くん！」と呼ぶ声がしている。艶子さんは今もその声が忘れられないと言う。しかし真暗やみと、がれきの山で、助けることはできなかった。矢野さんの奥さんはお腹の赤ちゃん（臨月）とともに亡くなったという。（哲夫さんと記憶が少し違っている）

　二人ははだしで、寝まきのまま、ほうほうの態で外に逃れた。呼び声は方々でしていたように思うが、もちろんそのとき警防団など外には誰もいない。当時は、時節柄、被災して怪我をしているといっても、もんぺも着けず、ネルの寝巻き姿でいることは、とても恥ずかしいことだったので、二人手に手をとって、玉の方の親せきの家に行こうと歩く。造船所の造機門の長い塀のところにきたとき警防団とすれちがう。造船所の職員門のところの交番で、どうしたのかときかれ、三井病院にいけと言われる。病院は騒然としていた。ずいぶん待たされたあと簡単な応急手当をしてもらう。哲夫さんは左腕の切り傷と鼻の先が飛ぶ怪我。艶子さんは、右側頭部に2ヶ所傷があった。その夜は親せきの家に身を寄せる。

　水谷さんの社宅の位置を、現在の地図の中で示すことは容易にはできない。社宅は2軒続きの平屋。前に2メートル位の崖があった。神登山の北斜面か。（証言②）の中にある高杉さん宅は畑をへだてた裏の家だったと言われる。

　爆発で社宅は南側がなくなっていて残ったのは、北側の壁とその前にあった水屋が、なんとか原形をとどめて残っていた。こわれた屋根の上には

松の木がのっかっていた。毛髪が壁にはりついているのを目撃する。

現場にやってきた警防団の団長は親せきの人だったが、「哲ちゃんおまえとこがいちばんひどかった。よー助かったなぁ」と言われている。二人は助かった理由をいくつかあげている。①寝ていたからよかった。起きていたら助からなかっただろう。②ふとんを2枚掛けて寝ていた。1枚は爆風で飛んでいるが、2枚目に破片がつきささっていた。破片のまわりは綿がこげていた。破片は家の中で3ヶ見つけてしばらく保存していたが、現在はなくなっている。ふとんが防弾の役目をしてくれた。③爆弾は向いの山の屋根より高い位置に落ちている。これが低い位置であれば助からなかっただろう。などである。そう言えば二人がよく壊れた家の下敷きにならなかったものだと思ったものだが、家屋の上部は爆風で飛んでいて、その下敷にはならなかったのである。体が埋まったのは、山から飛んできた土砂などだったことが考えられる。しかしいずれにしても至近の爆弾の爆発であるが、きわどいところで生死を分けていることがわかる。

余話が二つある。艶子さんは、「よく助かったなぁ」と言われた時、人には、防空壕に入っていたと答えている。ずっとそれで通したと語られている。当時、新聞などでも「寝床待避(たいひ)」などせぬよういましめられていたのである。防空壕は社宅の前の人が掘ったちいさなものがあったのはあったということである。

水谷さんは、この爆撃で新婚生活の家財いっさいを失ったが、後に被災者にと市役所から木綿の布3メートルをもらったという。もらったのはそれ限りであるが、この布で長男誕生のさいベビーぶとんをつくったそうである。

(証言⑤)
  友野澄雄（1929年(昭和4)7月生れ）
  インタビュー　2004年1月15日／2004年7月1日
  インタビュアー　日笠俊男

和田の社宅に入居したのは玉野中学（現玉野高校）に入学したとき。爆

撃のときは、中学卒業直後。社宅は、現在の和田５丁目。新川に近い場所。爆心地と社宅の距離は、直線で300メートル位だろうか。インタビュアーは、後で自動車の距離計で測ってみた。最短コースでアプローチできないので正確ではないが、約300メートルに大きな違いはない。その場所で家の倒壊はなかったが、戸障子は、トイレの窓をのぞきすべて倒れた。不思議なことに、戸は爆心地の方に向いて倒れていた。彼は、割れたガラスで足の土ふまずのところを切った。今もその傷あとが残っている。

　社宅は２軒で一棟になった２階建て。（平家の社宅と２階建ての両方がある）１階は６畳、３畳、台所、トイレ。２階が６畳と３畳。風呂は、丸山のふもとに社宅の銭湯があった。彼は２階で寝ていた。家族の他の３人は階下で寝ていたが無事だった。父親は社宅の見廻りのためすぐ家族を置いてでていった。３人はその夜、夜どおし起きてじっとしていたという。

　現場は、すぐ立入禁止となるが、現場で血こんのある家をみた。倒壊してしまった家は見なかった。２〜３日後に爆心地の見学にいき、直径３メートル位のすり鉢状の穴が、２列に並んでいるのを見た。穴の数は、はっきり記憶していない。

　彼は家では、廃材を集めて戸、障子を作り、空襲後も、その家に住んだそうである。

（証言⑥）
　　亡くなった牧野さんの長女溢子さん（1928年１月生れ）
　　インタビュー　2004年７月１日
　　インタビュアー　日笠俊男／友野澄雄

　和田新社宅（２階建て）に住んでいた。現在の和田５丁目。下手に平屋の社宅が２列あった。そのうちの一軒でお産があった。

　溢子さんは、当時玉野高等女学校５年生。３人姉妹。妹と２階に寝ていて、爆発で、ころげるように下に落ちていた。母親は、その日警報発令当番で道筋を知らせて回る。そして玄関にはいったすぐの部屋で爆発に会う。真暗ななかで溢子さんは母親をひざにかかえていた。すこし息があった。

血はあたたかかった。父親に水をくんできてあげなさいと言われ、ガラスの破片だらけの上を歩いて汲んできてあげた。警防団の人がきて、母親は病院に運ばれた。父親はついていったが、姉妹3人は壊れた家にのこっていた。

　隣家で指のなくなった人がおられた。下手の社宅でご夫婦で亡くなられたお家があると聞いている。岡田さん（証言②）の社宅は、同じ並びのいちばん上の家だった。牧野さんの家も倒壊はしなかったという。片付けにいったとき家にはいれたという。

　母親は防空当番で服装はきっちりしていたが、他家の方で下着だけの人もおられた。しかし母親はお骨になって帰った。至誠寮で合同葬があった。

（証言⑦）
　　　広安和恵（1929年12月生れ）〔昭和4〕
　　　インタビュー　2004年2月22日
　　　インタビュアー　日笠俊男／額田昭子／武田紀代子

　玉野高等女学校の寮にいた。夜中に大きな音がした。目覚めてなんの音だろうと寮生と言いあっていたが、そのまま寝た。翌日和田に爆弾が落ちたらしいと聞いた。社宅に同級生がいた。家が壊れて引越していかれた。

（証言⑧）
　　　立石せつ子（1928年生まれ）〔昭和3〕
　　　インタビュー　インタビュアー（証言⑦）に同じ。次の（証言⑨）
　　　も同じ。

　現在の和田2丁目の自宅にいた。すごい音、地響き。爆発があってから庭の壕のはいった。翌日現場へいった。牧野さんの家か？血のついた畳が何枚か外にたててあった。コスモスが庭に咲いていた。なんでコスモス？と思った。爆弾穴は5ツか6ツ見た。深さ1～2メートル位、穴は直径5～6メートル位だろうか。大きかった。

(証言⑨)
　　　大島スエノ（1934年6月生れ）
　　　　　　　　　昭和9

　和田利生（現和田3丁目）に住んでいた。夜中にドンとつきうごかされる。翌日学校に行き夕方山に行く。神登山の北側斜面の崖の上の山すそに爆弾落ちていて大きな穴7～10メートル位、6ツか7ツあいていた。松の根がとんでいた。

　　　　　　　　　　　　　　　　　　　　　　（あとがき補遺5月15日）

（付　録）

『第20航空軍1944.11～1945.8.15の間の各種の
戦闘作戦任務の概要』について

日笠　俊男

(1)
　第20航空軍第33統計管理班1945.9.14調整の統計資料．原題は，『TWENTIETH AIR FORCE SUMMARY OF MISCELLANEOUS COMBAT MISIONS NOVEMBER 1944 TO 15 AUGUST 1945』．機密度は「RESTRICTED」．
　資料は，表題とインデックスの頁をのぞいて全4頁．第1頁は「概要」で，それは本資料のメインの統計表の解題である．
　統計は，第20航空軍のマリアナ・イオウを基地とする『各種の戦闘作戦任務』の「タイプ別」「月別」「組織別」の三つである．
　原資料の表題の「MISCELLANEOUS」に"各種"という訳語を当てたものだが，それは，目標を爆撃したり機雷を投下する作戦任務に直接関係しない特殊な作戦任務を指している．わかりやすく言うと，正面の作戦を成功させるための裏の情報収集活動や支援活動で普通単機，ときに少数機で実行されている．表は原爆作戦をのぞく7タイプを取りあげている．本稿では，以下この7タイプを総称して仮に「少数機空襲」とする．
　本資料は，ピースおおさか所蔵の米マクスウェル空軍基地歴史研究センター16mmマイクロフィルム『第20航空軍 '45.7.1～'45.9.2』の「戦記(経過記録)」バインダー13』(A7719でアクセス)に収められている．
　さて，この統計資料をわざわざ取りあげる理由．それは以下である．
　資料は一見単純な統計表であるが，そこに「少数機空襲」についての調査研究上の多くの情報が含まれていると見たのである．
　「少数機空襲」については，資料的に，春日井の金子力氏の先駆的業績があるが，全国的には，米軍資料の掘り起こしや検証があまりすすんでない．地元では今日でも，謎の空襲として残されたままのことが多い．

　岡山でも，3月6日深夜のB-29一機による空襲，県下最初の空襲であるが，被弾したのが，岡山市街地西方約10数キロの純農村の丘陵地帯だったこともあり，地元ではやはり長い間謎の空襲であった．
　筆者は，金子力氏の業績に導かれて，「少数機空襲」解明のキー資料である『OPERATIONAL SUMMARY(後にOPERATIONAL INTELLIGENCE SUMMARY)』のナンバーを収集し，その空襲は「レーダースコープ写真作戦」のついでに6発の500ポンド爆弾を投下したものであることを明らかにした．3年ほど前のことである．この資料の検証で，地上の調査が前進し，6発のグラウンドゼロが特定でき，そのうちのひとつは，発掘調査も実施できた．ちなみに，「OPERATIONAL SUMMARY」は米軍の日毎の作戦報告書である．これについては，その資料の特徴，性格について，佐々木和子氏の『B-29による大阪の初期爆撃－1944年12月～1945年3月－』(大阪国際平和研究所紀要 Vol.13 2004.3.31刊所収)の論文に信頼できる説明があるので参考にしていただきたい．また筆者の同資料の

検証の経緯については，拙稿『米軍資料の調査・活用－岡山県最初の空襲・OPERATION-AL SUMMARY No.61 収集経緯－』（『空襲通信第 4 号 2002.7.26』所収）および『戦争の記憶・謎の 3.6 岡山空襲 AAF XXI B.C.「313RSM2」』（岡山空襲資料センターブックレット 3 2002.8.31 吉備人出版刊）があるので参照されたい．

　さて岡山県下には，3 月 6 日の他に 8 月 15 日までに約 10 回単機の B-29 による実際の空襲が存在している．それについてもそれぞれが米軍のいかなる作戦であったか突きとめる作業もした．しかしこうした地元での作業をどれほど進めても，米軍が，このとき，つまり「本土決戦期」に日本本土焦土化作戦のなかで展開した「少数機空襲」の全容が，にわかに明らかになることはなかった．県下の「少数機空襲」の実際は約 10 回であるが，それ以外にも何十機もの B-29 の侵入があったのである．　岡山県東部瀬戸内海沿岸の牛窓監視哨がのこした『敵機捕捉状況綴』によると，昭和 19 年 11 月 21 日から 8 月 15 日までの間に，少数機（ほとんど単機）の B-29 を実に約 170 回捕捉している．（もちろん東の近畿への侵入も捕捉している）

　ここで取りあげ紹介する資料は，こうした「少数機空襲」の全容を「一目瞭然」のかたちで示してくれる．今日，私たちの手で，たとえば前述の『OPERATIONAL SUMMARY』のナンバーをすべてめくれば，本統計表のような集計はできそうにも思えるが，実際は，この 3 表だけにしても，『OPERATIONAL SUMMARY』に，他のいくつもの資料を重ねなければそれは不可能である．本資料には，膨大な情報が含まれていると考えるのである．

　本資料を各地の空襲の調査研究に役立ててほしいと思うことである．
　とりあえず 4 頁の資料を解読して，次の (2) に掲げることにする．解読不充分もあると思う．原資料の 1，2 頁を本文末にコピーしてサンプルとして載せているので，その点対比参考にして検討していただきたい．3，4 頁はたまたま同頁のマイクロ画像不鮮明なので載せなかった．本文でそれは補正している．
　解読にかかわる若干のコメントは (3) にまとめさせていただく．資料中の機数はすべて延べ機数であることに留意されたい．

第 20 航空軍
各種戦闘作戦任務
概要
（第 1 頁）

　　　　第 20 航空軍の作戦期間中のマリアナを基地とする B-29, F-13, B-24 などの戦術航空団と独立戦隊の 29,745 機の出撃のうち 2,348 機が，目標を爆撃したり，機雷投下したりする作戦任務に直接関係しない「各種」の出撃であった．

　　　　これらの出撃 (2,348 機) は次のタイプであった：
1,090 機は，爆撃や機雷投下の作戦計画に役立てる目的の気象データを収集する気象観測作戦任務の出撃．
480 機は，目標の損害評価のための空襲後の写真や空襲前の，クルーのブリーフィングの際の情報を得るための写真，その他の日本の特別の目標のたくさんの情報を入手するための写真偵察作戦任務の出撃．
248 機は，目標を攻撃するために使用されるレーダースコープ写真作戦任務の出撃．このスコープ写真は，目標のレーダー照準攻撃の際のクルーのブリーフィングに大きく役立つものである．
312 機は，第 7 戦闘機集団の戦闘機の日本本州への航行護衛の行動．
134 機は，海上に墜落の乗員捜索のための出撃．
51 機は，敵レーダー対策のための出撃．そのうち 43 機は敵レーダーの配置の偵察機 B-24 の飛行．8 機は，特定地区空襲の際の敵レーダー妨害の B-29 の飛行．
33 機は，日本本州への宣伝 (心理) 作戦リーフレット投下を第 1 目標にした出撃．
これらの有効出撃度と損失機数と死傷者数は第 2 頁の表にまとめてある．

　　　「各種」作戦任務は 11 月にはじまり，そのときは 29 機であった．機数は次第に増加し 1945 年 7 月には 526 機出撃の高さに到達した．この点のさらなる情報は第 3 頁の月別概要の中にある．

　　　　第 73 航空団は，これらのなかで最大の出撃数である．続くのは第 3 写真偵察戦隊と第 55 気象観測戦隊である．後者の 2 組織は，「各種」作戦任務の戦闘努力のすべてに貢献した．航行護衛と海上捜索作戦任務に関しての航空団の機は，硫黄島の第 20 航空軍戦闘中継基地を利用するようになっている．この硫黄島からの出撃は 218 機である．組織別の情報は第 4 頁にまとめてある．

　　　　以下の頁の表は，爆撃機集団の「各種」作戦任務の概要を示すために用意されている．それに「タイプ別」，「月別」，「組織別」の概要がある．

タイプ別作戦任務の概要
(第2頁)

	リーフレット投下作戦任務	写真偵察作戦任務	レーダー対策作戦任務	気象観測/爆撃作戦任務	レーダースコープ写真/爆撃作戦任務	海上救難捜索作戦任務	航行護衛作戦任務	計(現在までの)
	B-29	F-13 B-29	B-24 B-29	B-29 B-24 F-13	B-29	B-29	B-29	
参加作戦機								
離陸計画機数	33	482	51	1089	250	140	314	2359
離陸失敗機数	0	2	0	1	2	6	2	13
挺進機数	33	480	51	1090	248	134	312	2348
有効機数計	30	348	50	1033	221	128	288	2098
パーセント(%)	91	72	98	95	89	95	92	89
原因別無効機数								
機械的原因	0	51	1	52	25	6	11	146
気象原因	0	75	0	0	0	0	11	86
その他	3	6	0	5	2	0	2	18
計	3	132	1	57	27	6	24	250
投下爆弾米トン数	0	0	0	992	93	0	0	1092
投下リーフレット集束弾発数	509	0	0	1928	59	0	0	2496
損失機と死傷者								
損失機数	0	5	0	7	1	1	0	14
パーセント(%)	0	1	0	0.6	0.4	0.8	0	0.6
死傷者数(人)	0	34	0	44	11	0	0	89

月別作戦任務の概要
(第3頁)

	NOV.	DEC.	JAN.	FEB.	MAR.	APR.	MAY	JUNE	JULY	AUG. 1-15	計
参加作戦機											
離陸計画機数	29	96	112	155	223	248	284	396	528	288	2359
離陸失敗機数	0	0	2	5	1	0	2	1	2	0	13
挺進機数	29	96	110	150	223	248	282	396	526	288	2348
有効機数計	18	73	90	125	199	228	240	370	490	265	2098
パーセント(%)	62	76	82	83	89	92	85	93	93	92	89
原因別無効機数											
機械的原因	3	18	11	16	14	15	12	19	25	13	146
気象原因	7	3	8	8	9	5	28	7	8	5	88
その他	1	2	1	1	1	0	2	0	3	5	16
計	11	23	20	25	24	20	42	26	36	23	250
投下爆弾米トン数	0	201	204	210	165	181	104	19	8	0	1092
投下リーフレット集束弾発数	0	0	0	0	0	418	508	1101	469		2496
損失機と死傷者											
損失機数	1	3	0	4	1	1	2	1	1	0	14
パーセント(%)	3	3	0	3	0.4	0.4	0.7	0.3	0.2	0	0.6
死傷者数(人)	11	16	2	20	13	2	11	3	10	1	89

組織別作戦任務の概要
(第 4 頁)

	58航空団	73航空団	313航空団	314航空団	315航空団	第3写真偵察戦隊	第55気象観測戦隊	戦闘中継基地(硫黄島)	計
参加作戦機									
離陸計画機数	30	718	185	284	52	504	368	218	2359
離陸失敗機数	0	0	5	4	1	2	1	0	13
挺進機数	30	718	181	280	51	502 a	368 b	218	2348
有効機数計	26	660	162	260	42	378	361	209	2098
パーセント(%)	87	92	90	93	98	75	98	96	89
原因別無効機数									
機械的原因	1	44	13	17	8	48	6	9	146
気象原因	3	9	4	1	1	70			88
その他	0	5	2	2	0	6	1	0	16
計	4	58	19	20	9	124	7	9	250
投下爆弾米トン数	0	992	43	57	0	0	0	0	1092
投下リーフレット集束弾発数	0	2190	306	0	0	0	0	0	2496
損失機と死傷者									
損失機数	0	6	1	0	1	5	1	0	14
パーセント(%)	0	0.8	0.5	0	0.5	1	0.3	0	0.6
死傷者数(人)	0	33	1	0	11	34	10	0	89

a　レーダー対策作戦 43 機は B-24 偵察機の出撃
b　全出撃 B-24 による

(3)

　解読にかかわる若干のコメント．資料は，どんな資料でもそうだが，その価値は，研究テーマや研究課題を持つものの個別具体的な問題関心に応じて存在する．筆者のコメントは限られた関心によるものであることをご理解いただきたい．

　① 「少数機空襲」に原爆をのぞいて 7 タイプ存在する．そのなかで予想に反すると言えば語弊があるが，7 タイプ中気象観測作戦任務の出撃が最多であるという事実である．実に全体 (2,359 機) の 46％．当時高々度を飛行機雲を湧かせて飛び去る単機の B-29 をよく目撃した．地上では偵察をしているのだろうと言っていた．偵察に違いないが，一般的偵察以上に気象観測に従事する B-29 の方が，多かったのである．米軍の日本本土空襲には，気象上のネックが存在していた．高々度の場合の日本上空の強風．高々度でなくとも気象条件による視界の不良が作戦の成功，不成功を左右した．岡山空襲の D-Day 6 月 29 日も，6 月 28 日の天気予報に基づいて行われている．(作戦任務報告書) 写真偵察作

戦任務であれば，必要な情報が入手できれば一応終了するが，気象観測作戦は日常的な作戦任務だったのである．実際に米軍は日本上空の気象状況を「敵以上の敵」と見なしていた．彼らは，作戦を成功させるために，それとかく闘っていたのである．

　②　気象観測作戦任務とレーダースコープ写真作戦任務の二つのタイプには，主たる任務のついでに爆弾投下（比較的少量）の任務があった．そのことはわかっていたことだが，この表で，他のタイプには，このついでの投弾作戦はないことがはっきりした．それが明らかになって見れば，他のタイプにそれがない理由は，その任務内容から理解できる．説明は不要と思う．ついでの投弾の一機あたり平均は，気象作戦任務の方が，レーダースコープ写真作戦任務より多い．

　③　「月別」の表．「少数機空襲」は当時メジャーな空襲が本格化する前にあったことが各地で記憶されている．統計を見ると，記憶どおり，それは期間の前半（3月までに約70％）に片寄っている．心理作戦のリーフレット投下作戦と対照的である．

　これまでこの二つのタイプのついでの投弾の目的や意図が今ひとつはっきりしなかった．筆者は前出『戦争の記憶』で，その点次のように書いている．「…そのとき単機あるいは少数機のB-29の情報収集作戦任務であっても，巨大な機の弾倉を空っぽにして飛ぶことは，計画されている日本本土全体に対する戦略爆撃コストの点から考えてもありえない．だがあくまでついでの作戦だから，弾倉を満杯にするのではなく少数の爆弾（1～2米トン）を搭載する．あれこれの標的になんらかのダメージ（損害）を与えればよい．敵を混乱させることもできる．また実際の投弾による敵の反応を見て，本戦のときのための情報収集もする．こんなところに情報収集作戦任務のついで爆撃作戦の意図があったと考えている．」その後，更にこの表の示すところの「少数機空襲」が，期間の前半に片寄っている事実から，後にひかえるメジャーな空襲の実戦的練習もしているのではないかと考えた．いずれにしてもこの表だけではそのたしかな答はでてこない．しかしこの見方は，間違っていなかった．佐々木和子氏の前出論文は，米軍の『戦記』資料の検証によって，それが目標の「かく乱攻撃」「先導搭乗員の訓練」などであったことを指摘されている．

　④　統計表の縦のキーに登場する有効・無効のこと．無効機とは，目標に向かって発進したが，目標に到達できなかったり，仮に到達しても何らかの原因で任務が全く遂行できなかった場合である．たとえば，アーリーリターンとか，目標上空で機械的故障で弾倉が開かなかったりして任務遂行がゼロの場合である．「少数機空襲」の無効の場合は，写真偵察任務で見れば，機体や搭載のカメラのトラブルはなくとも，目標上空の雲で必要とする写真が一枚も得られない場合はまさに無効機となる．写真偵察作戦任務に無効機が他に比して特に多いのはそのためである．実際に6月29日の岡山空襲後の損害評価のための写真は，7月4日には撮影に失敗し，翌日7月5日にクリアな写真を持ち帰っている．岡山と同日空襲された佐世保，門司，延岡の『作戦任務概要』が，みな同日の7月6日に報告されているが，それには岡山だけが，空襲後の写真の入手が1日おくれたためと考えられるが，損害評価の数値があげられていない．

　⑤　「月別」の統計表にかかわって．第1頁「概要」は，「各種作戦任務は11月にはじまり，その月は29であったが，機数は次第に増加し，1945年7月には526機の出撃の高さに到達」と述べる．このことについて，当時の地上の記憶を対置する．(1)でとりあげた牛

窓監視哨の『敵機捕捉状況綴』の「少数機空襲」約170回を月別の数にすると次のごとくになる．

44		45							
11	12	1	2	3	4	5	6	7	8
1	5	6	11	21	13	21	15	48	29

「月別」統計表の見せている事実とまさに照応している．米軍の日本焦土化は，7月にピークに達していたことがうかがえる．

⑥　気象観測作戦任務には，B-29，B-24だけでなく，F-13というB-29を改造した写真偵察専用機もあたっている．この事実に注目する．必要な気象観測体制を整える過程で写真偵察専用機も投入しなければならなかったのである．

第21爆撃機集団の「戦記(経過記録)」のなかの「日誌3月7日付」の気象部門に関する記事に，「気象観測爆撃作戦」について，観測者を第3写真偵察戦隊の臨時の任務にする取り決めをしたことが記されている．「戦記(経過記録)1945.3.1～3.31 ドキュメント40」同前ピースおおさかマイクロ）

⑦　「レーダースコープ写真作戦任務」．原資料のキーには「RADAR　SCOPE」と略記されている．この作戦任務は「概要」に説明されているとおり，正面の作戦の本番に役立てるため，事前にレーダーで地上の地形をポイント毎にとらえ，機内のブラウン管に写しだされた画像を専用のカメラで撮影し，フィルムに固定する．それを実戦で利用する．実際のレーダースコープ写真は，「作戦任務報告書」などに登場しているので見ることができる．

⑧　CSC(戦闘中継基地)は，硫黄島に暫定的に置かれた組織で，情報と気象のセンターが配置されている．(20航空軍レファレンスブック)しかし実際に具体的にどのように機能していたのかよくわからない．

⑨　原資料第1頁「概要」の冒頭の「tactical wings」は，第58，73，313，314，315航空団，「independent squadrons」は第3写真偵察戦隊や第55気象観測戦隊などを指している．

⑩　原資料第2頁の統計表の「気象観測」のタテの欄の集計数字に不明点があるが，表全体を整合的に修正することが不可能なのでそのままにしてある．

⑪　念のためにつけくわえておく．原資料統計表の航空機数はすべて「延べ機数」である．

(4)

はじめに述べたとおり，本資料にはたくさんの情報が含まれている．これまでの筆者のコメントにとらわれることなく，各自の問題関心にひきよせて，資料検討をすすめてほしい．本資料の活用を切に願っている．

本資料の解読にあたって，奥住喜重氏のご教示をいただいた．感謝している．

(2005.3.6)

RESTRICTED

TWENTIETH AIR FORCE
MISCELLANEOUS COMBAT MISSIONS
SUMMARY

Of the 29745 sorties flown by B-29's, F-13's and B-24's of the tactical wings and independent squadrons of 20th Air Force from the Marianas during the period of its operations, 2348 were miscellaneous sorties not directly connected with a bombing or mining mission. This represents 7.9% of the total effort of the command.

These sorties were of the following types: 1090 sorties on weather reconnaissance missions where weather data was gathered for aid in the planning of bombing and mining missions.
480 sorties on photo reconnaissance missions, on which post-strike target photos were obtained for damage assessment, pre-strike target photos were obtained for crew briefing, and coverage was obtained of much of Japan other than specific targets.
248 sorties on radar scope missions, on which radar scope photos were obtained of targets to be attacked. These scope photos aided considerably in crew briefing when they concerned targets to be attacked by radar.
312 sorties when B-29's acted as navigational escorts to the Japanese mainland for fighter aircraft of the 7th Fighter Command.
134 sorties flown to search for combat crew personnel of the Air Force down at sea.
51 radar counter measure sorties, 43 of which were flown by B-24 ferret aircraft to locate enemy radar, and 8 of which were flown by B-29's on diversionary raids to confuse the enemy radar.
33 sorties flown primarily to drop propaganda leaflets on the Japanese mainland.
These sorties, their effectiveness and their losses and casualties, are summarized on page 2.

Miscellaneous missions were begun in November, when 29 were flown. They increased in number, reaching a high of 526 sorties in July 1945. Further information is given in the summary by month on page 3.

The 73rd Wing flew the greatest number of these sorties. It was followed in number flown by the 3rd Photo Reconnaissance Squadron and 55th Weather Squadron. These latter two organizations devoted all their effort to miscellaneous missions. Aircraft from the Wings were made available to the 20th Air Force Combat Staging Center at Iwo, for participating in Navigational Escort and Sea Search Missions. These aircraft flew 218 sorties from Iwo. Information by organization is summarized on page 4.

The following tables have been prepared to indicate in summary form this miscellaneous effort of the command. Summaries by type, by month, and by organization have been included.

RESTRICTED

SUMMARY OF
MISCELLANEOUS COMBAT MISSIONS
BY TYPE

	LEAFLET	PHOTO RECON	RADAR COUNTER MEASURE	WEA. RECON	RADAR SCOPE	SEA SEARCH	NAV. ESCORTS	TOTAL TO DATE
	B-29	F-13 B-29	B-24 B-29	B-29 B-24 F-13	B-29	B-29	B-29	
Aircraft Participating								
A/C Scheduled To TakeOff	33	482	51	1089	250	140	314	2359
A/C Failing To TakeOff	0	2	0	1	2	6	2	13
A/C Airborne	33	480	51	1090	248	134	312	2348
Total Aircraft Effective	30	348	50	1033	221	128	288	2098
Percent Of Airborne	91	72	98	95	89	95	92	89
Aircraft Non-Effective								
Mechanical	0	51	1	52	25	6	11	146
Weather	0	75	0	0	0	0	11	86
Other	3	6	0	5	2	0	2	18
Total	3	132	1	57	27	6	24	250
Tons Of Bombs	0	0	0	992	93	0	0	1092
Leaflet Clusters	509	0	0	1928	59	0	0	2496
Losses & Casualties								
Aircraft Lost	0	5	0	7	1	1	0	14
Percent Airborne	0	1	0	.6	.4	.8	0	.6
Personnel Casualties	0	34	0	44	11	0	0	89

日　笠　俊　男（ひかさ　としお）
1933年生まれ
岡山空襲資料センター代表

主な関係の著書・論文

『気象管制と観天望気』
6.29 岡山空襲研究　第11号（1997.11.15）所収

『6.29　岡山空襲　人口の82％が罹災の虚構』
同　第15号（1998.2.21）所収

『6.29　岡山空襲　犠牲者は2000人を超える』
同　第18号　（1998.5.3）所収

『6.29　岡山空襲　戦災地図』
同　　第23号（1998.9.25）所収

『6.29　岡山空襲　御成町戦災地図』
同　第24号（1998.11.3）所収

『B-29墜落　甲浦村　1945年6月29日』
2000.6.29　吉備人出版刊

『1945.6.22　水島空襲「米軍資料」の33のキーワード』
岡山空襲資料センターブックレット1　2001.5.3刊

『カルテが語る岡山大空襲―岡山医科大学皮膚科泌尿器科
教室患者日誌―』
岡山空襲資料センターブックレット2　2001.6.29刊

『戦争の記憶―謎の3.6岡山空襲　AAFXXIB.C「313RSM2」―』
岡山空襲資料センターブックレット3　2002.8.31刊

『吾は語り継ぐ』（編著）
岡山空襲資料センター　2003.6.29刊

『半田山の午砲台―岡山の時（とき）の社会史断章―』
岡山空襲資料センターブックレット4　2004.6.7刊

『米軍資料　ルメイの焼夷電撃戦―参謀による分析報告―』
（奥住喜重氏と共著）2005.3.10刊

『米軍資料で語る岡山大空襲―少年の空襲史料学―』
岡山空襲資料センターブックレット5　2005.8.15刊

B－29少数機空襲
－1945年4月8日狙われたのは玉野造船所か－

2006年6月29日発行

著　者	日　笠　俊　男
発行所	岡山空襲資料センター
	〒703-8277　岡山市御成町5－1　日笠俊男方
	TEL・FAX 086-272-3419
発売所	吉備人出版
	岡山市丸の内2丁目11－22
	TEL 086-235-3456　FAX 086-234-3210
	振替 01250-9-14467
	books@kibito.co.jp http://www.kibito.co.jp/
印刷所	サンコー印刷株式会社
	総社市真壁871-2

©Hikasa Toshio 2006
乱丁・落丁はお取り替えします。
ご面倒ですが小社までご返送ください。
ISBN4-86069-135-0 C0021 ¥952E